용기를 내어 당신이 생각하는 대로 살아야 합니다.
그렇지 않으면 머지않아 당신은 사는 대로 생각하게 될 것입니다.
– 폴 부르제(프랑스의 시인, 철학자)

__Il faut vivre comme on pense,
sans quoi l'on finira par penser comme on a vécu.
– Paul Bourget

폭신폭신 귀여운

# 프랑스 입체자수

아틀리에 Fil 지음 | 고정아 옮김 | 김현정(수노타) 감수

터닝
포인트

충전물을 채워 넣거나 무늬를 도드라지게 해서
입체감을 표현하는 자수를 '스텀프 워크(stump work)'라고
합니다.
불룩하게 부피감을 살리는 데 적합한 매력적인 모양,
예쁜 색깔의 채소와 과일, 달콤한 스위츠(디저트) 등,
일상 속의 친근한 모티브를
친절하고 이해하기 쉬운 〈아틀리에 Fil〉 스타일의
스텀프 워크로 표현했습니다.
스티치로 폭신폭신 동글동글 귀엽게 부풀려 보는 재미를
꼭 느껴 보세요.
또한, 평면자수와 더불어
자수의 세계가 한층 더 확대되기를 바랍니다.

# 폭신폭신 귀여운
# 프랑스 입체자수

아틀리에 Fil

# contents

과일 ······ 4

채소 ······ 6

케이크 ······ 8

마카롱&사탕 ······ 10

초콜릿 ······ 12

애프터눈 티 ······ 13

아이스크림 ······ 14

파르페 ······ 15

도넛&에클레어 ······ 16

빵 ······ 18

모닝세트 ······ 19

주방용품 ······ 20

바구니 ······ 22

백 ······ 24

코스메틱 용품 ······ 26

입체자수의 기초 ······ 28

입체자수 하는 방법 ······ 32

입체자수를 표현하는 방법 ······ 33

여러 가지 입체자수 방법 레슨 ······ 35

그 밖의 여러 가지 스티치 ······ 47

책에 소개한 작품 만드는 방법 ······ 49

# 과일
## *fruits*

형형색색의 싱싱한 과일!
여러 가지 자수 기법을 사용해 흡사 진짜 과일처럼 완성했습니다.

도안은 실물 크기입니다

( 자수 방법 )
a, b, c … **49**쪽
d, e, f … **50**쪽
g, h, i … **51**쪽

ⓐ 바나나

ⓑ 멜론

ⓒ 딸기

ⓓ 서양배

ⓔ 사과

ⓕ 파인애플

ⓖ 체리

ⓗ 자두

ⓘ 파파야

## 냅킨

체리, 서양배, 자두를 냅킨에 원 포인트로 수놓아 보았습니다.
도시락을 싸거나 바구니 덮개로 사용할 수 있어요.

1 체리

2 서양배

3 자두

만드는 방법
50, 51쪽

4쪽의 도안

# 채소
## vegetables

도안은 실물 크기입니다

자수 방법    *a, b* ⋯ **52**쪽
*c* ⋯ **53**쪽
*d ~ f* ⋯ **54**쪽
*g ~ i* ⋯ **55**쪽

우리 주변에서 흔히 볼 수 있는 채소도 입체자수로 만들어 보면 특별해 보입니다.
배추나 양상추의 잎, 고구마 수염까지 리얼한 표현들에 시선이 가지요.

*a* 콜리플라워

*b* 순무

*c* 배추

*d* 가지

*e* 상추

*f* 왕방울토마토

*g* 고구마

*h* 땅콩

*i* 브로콜리

4 쇼핑백

5 참

## 참(Charm)

동글동글 완전한 입체로 만든
땅콩 모양의 참입니다.
쇼핑백 손잡이에 달아 보았습
니다.

**만드는 방법
57쪽**

## 쇼핑백(장바구니)

일렬로 나열한 채소가 귀여운 쇼핑백.
매일매일 장보기가 더욱 즐거워질 듯
합니다.

**만드는 방법
56쪽**

# 케이크
## cakes

컵케이크에 타르트…
보고만 있어도 행복한 기분이 드는 여러 가지 케이크.

도안은 실물 크기입니다

자수 방법

*a* … **57쪽**
*b, c* … **58쪽**
*d, e* … **59쪽**
*f, g* … **60쪽**
*b* … **61쪽**

ⓐ 몽블랑 케이크

ⓑ 이스파한 케이크

ⓒ 라즈베리 컵케이크

ⓓ 초콜릿 컵케이크

ⓔ 블루베리 컵케이크

ⓕ 블루베리 타르트

ⓖ 애플 타르트

ⓗ 자허토르테

# 참

8쪽의 도안에서 튀어나온 것 같은
컵케이크 모양의 참.
초코, 민트, 레몬…
간단하므로 많이 만들어서
선물하면 받는 사람도 기뻐하겠죠.

6

만드는 방법
**61쪽**

(과정 해설 첨부)

# 마카롱&사탕
*macaroons&candies*

도안은 실물 크기입니다

자수 방법  *a ~ e* ··· **63**쪽
         *f ~ j* ··· **64**쪽
         *k, l* ··· **65**쪽

폭신폭신 귀여운 마카롱과 사탕.
다채로운 색깔과 풍미를 즐겨 보세요.

## 브로치

사탕 모양의 브로치는 하나를 달아도 귀엽고
두 개를 나란히 달아도 귀엽습니다.

10쪽의 도안

7

8

만드는 방법
65쪽

9

만드는 방법
66쪽

**파우치**　　짙은 색깔 파우치에 파스텔 색조의 마카롱이 너무 예쁩니다.

# 초콜릿
*chocolate*

도안은 실물 크기입니다

자수 방법 **67～68쪽**

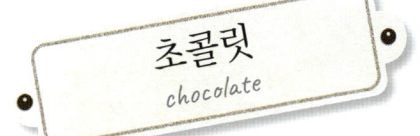

마치 보석처럼 예쁜 초콜릿.
왼쪽 위에서부터 스위트, 트뤼플, 비터, 머랭, 하트, 오랑제트, 체커, 골드, 나뭇잎.
좋아하는 것을 골라 봤습니다.

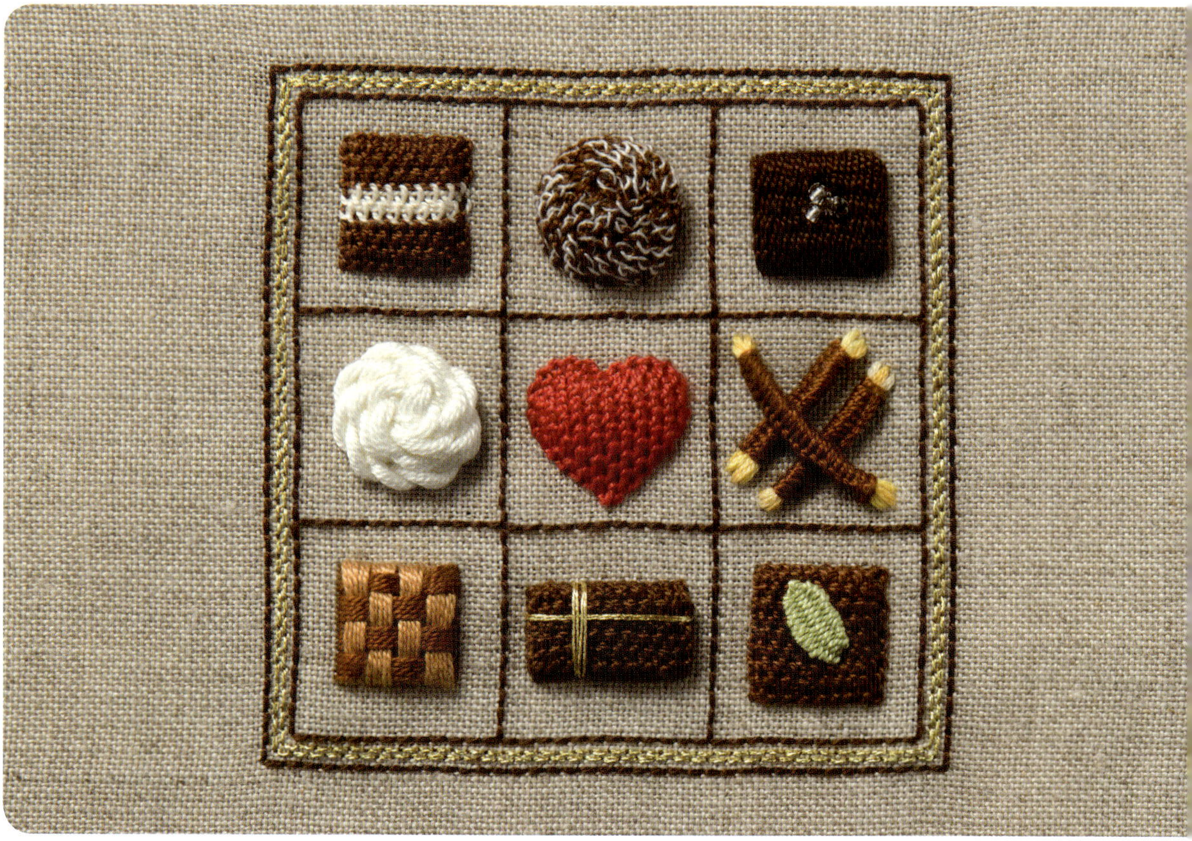

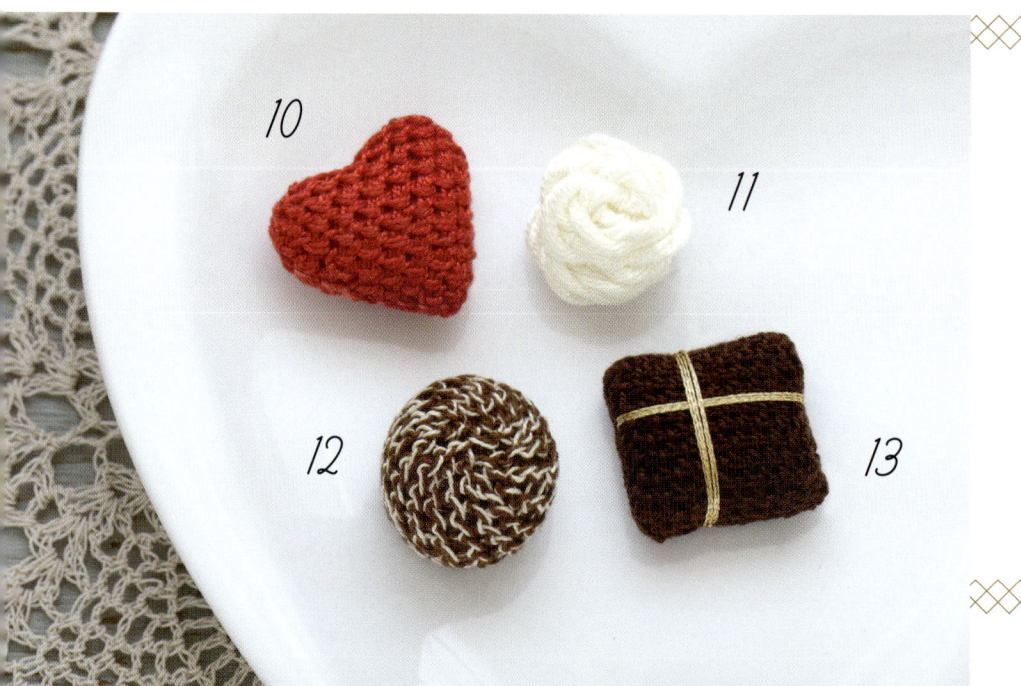

# 애프터눈 티
*afternoon tea*

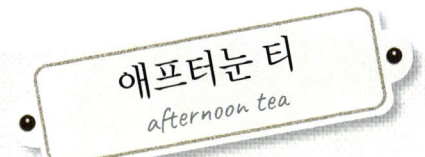

자수 방법 68~70쪽

3단 케이크 스탠드에는 케이크와 샌드위치가 담겨 있습니다.
앞쪽 접시에는 막 구운 마들렌, 티 포트에는 뜨거운 홍차.
그럼 이제 우아한 티타임을 즐겨 볼까요?

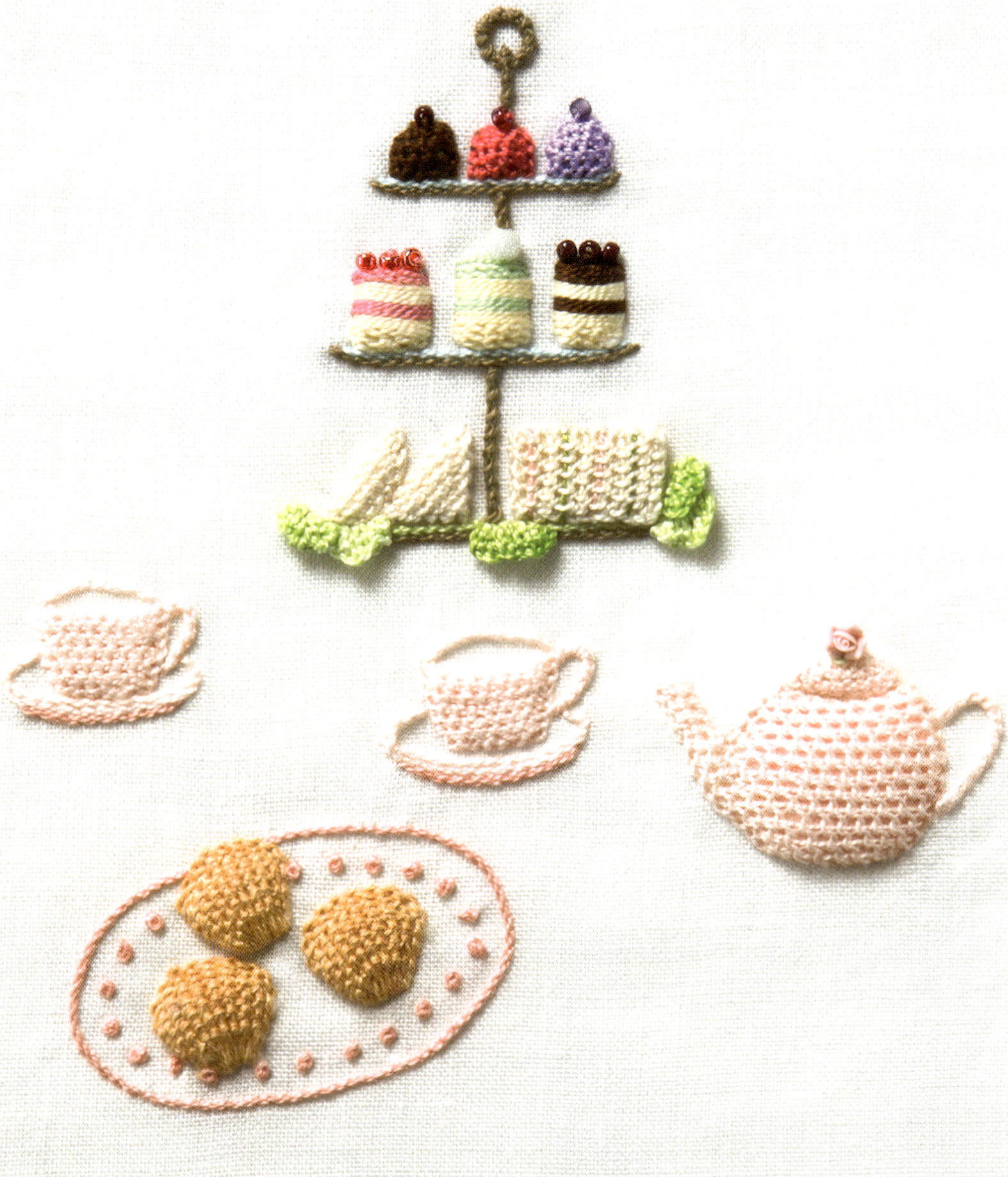

# 아이스크림
## *icecream*

도안은 실물 크기입니다

[자수 방법] *a ~ e* ⋯ **71쪽**
　　　　　　*f ~ i* ⋯ **72쪽**

무지 차가운 아이스크림!
콘 아이스와 막대 아이스 중 어떤 걸 좋아하나요?

ⓐ 망고와 블루베리

ⓑ 민트와 초콜릿

ⓒ 치즈케이크

ⓓ 초콜릿

ⓔ 오렌지

ⓕ 초콜릿

ⓖ 수박

ⓗ 딸기

ⓘ 소다

# 파르페
### *parfaits*

자수 방법  a ··· **73**쪽
b ··· **74**쪽
c ··· **75**쪽

크림이 가득 들어간 딸기, 녹차, 망고 파르페.
보기에도 매력 넘치는 달콤한 스위츠(디저트)입니다.

ⓐ 딸기

ⓑ 녹차

ⓒ 망고

**14쪽의 도안**

# 도넛&에클레어
## donuts&eclairs

동그란 모양에 가운데 구멍이 뚫린 도넛과 가늘고 긴 에클레어는
컬러풀한 토핑으로 멋스럽게.

도안은 실물 크기입니다

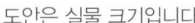

자수 방법   $a \sim c, l \cdots$ **76**쪽
$j, k, d \sim i \cdots$ **77**쪽

*a* 피스타치오

*b* 딸기

*c* 초콜릿

*d* 라즈베리

*e* 레몬

*f* 화이트초콜릿

*g* 멜론

*h* 딸기

*i* 초콜릿

*j* 프렌치크룰러 블루베리

*k* 프렌치크룰러 초콜릿

*l* 크림

16

참 16쪽 a, b, c의 도넛을 완전한 입체 참으로 만들었습니다.
진짜 도넛처럼 맛있어 보여요!

**16쪽의 도안**

만드는 방법
78쪽

## 빵
### breads

무심코 먹고 싶어지는 맛있어 보이는 빵!
종류가 너무 많아 고민하게 됩니다.

도안은 실물 크기입니다

| 자수 방법 | |
|---|---|
| *a ~ c* ⋯ | **79쪽** |
| *d ~ f* ⋯ | **80쪽** |
| *g, h* ⋯ | **81쪽** |
| *i* ⋯ | **82쪽** |

ⓐ 깜파뉴

ⓑ 크루아상

ⓒ 바게트

ⓓ 대니시

ⓔ 잼

ⓕ 브리오슈

ⓖ 슈톨렌

ⓗ 독일빵

ⓘ 호밀빵

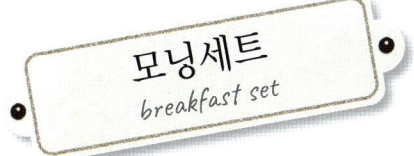

# 모닝세트

*breakfast set*

도안은 실물 크기입니다

자수 방법 **82～83쪽**

아침 식사는 토스트에 딸기 잼을 듬뿍.
갓 딴 상추를 곁들여서.

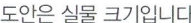

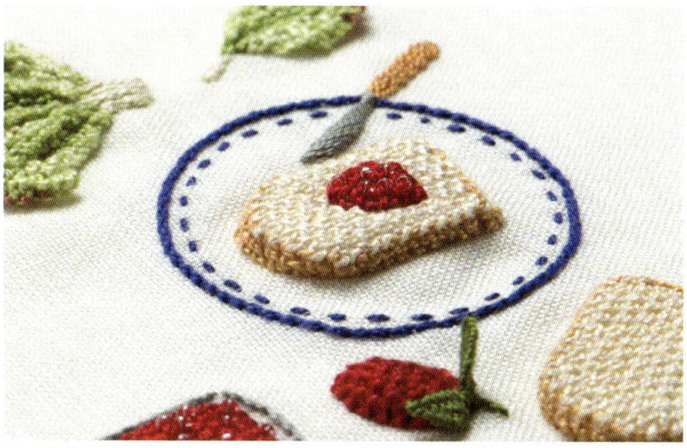

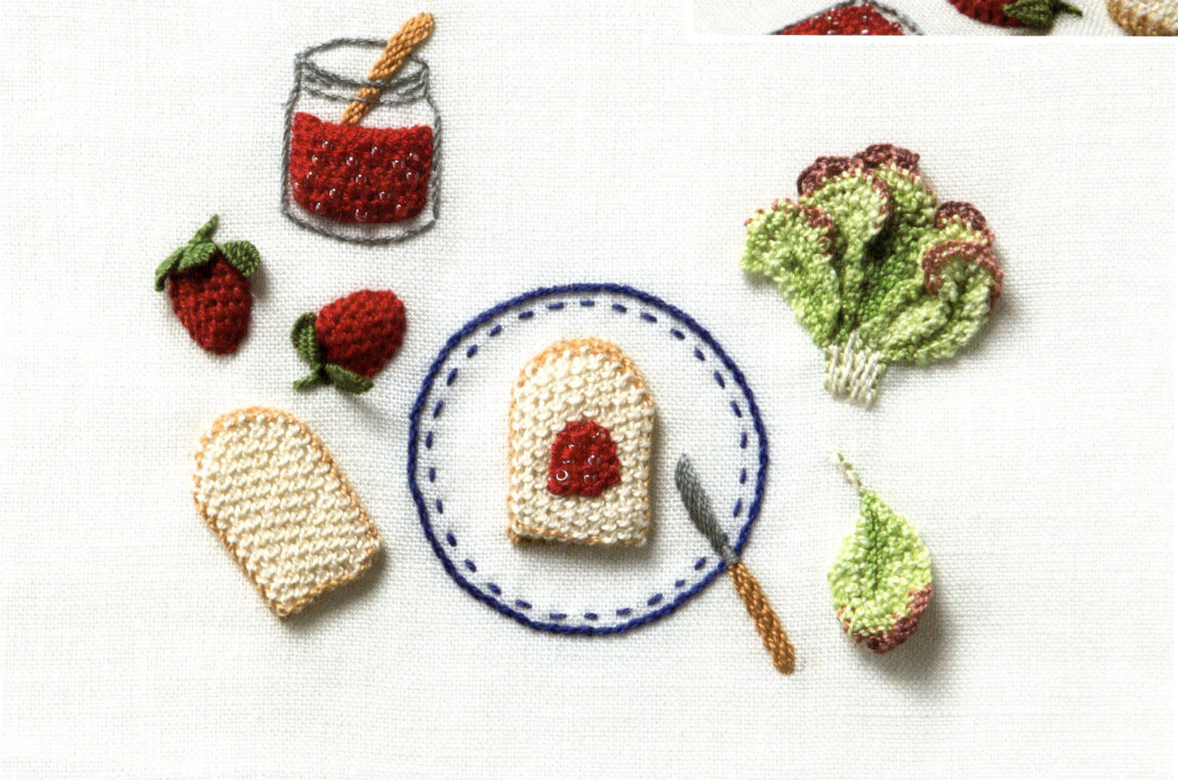

18쪽의 도안

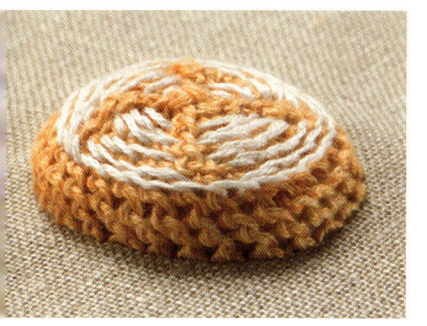

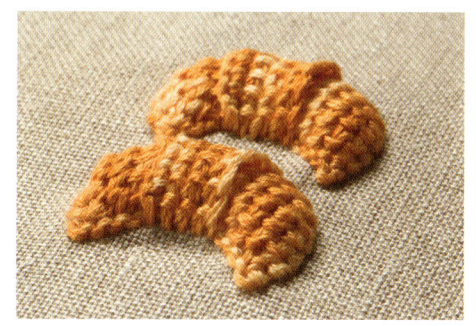

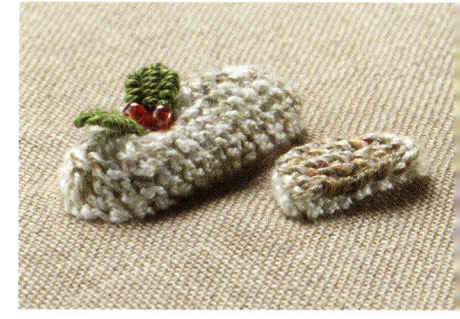

# 주방용품
## *kitchen tools*

요리가 즐거워지는 형형색색의 다양한 주방용품.

도안은 실물 크기입니다

자수 방법  *a* ··· **83**쪽   *f, g* ··· **86**쪽
*b, c* ··· **84**쪽   *h, i* ··· **87**쪽
*d, e* ··· **85**쪽

*a* 미튼(주방장갑)

*b* 포트

*c* 주전자

*d* 캐서롤(냄비)

*e* 주방 저울

*f* 캐서롤(냄비)

*g* 절구와 절굿공이

*h* 밀크팬

*i* 핸드믹서

## 앞치마

시중에 판매하는 앞치마에 주방용품을
수놓으면 자신만의 오리지널 아이템이 됩니다.
앞치마 색깔에 맞춰
자수실 색깔을 바꿔 보세요.

**만드는 방법**
**88쪽**

*17*

*18*

## 냄비잡이

원 포인트로 폭신폭신 주방장갑 모양을 수놓아 보았습니다.

**만드는 방법**
**88쪽**

# 바구니
## baskets

도안은 실물 크기입니다

자수 방법  a ··· **88**쪽
b, c ··· **89**쪽
d ··· **90**쪽
e ~ g ··· **92**쪽

장보기용, 외출용···
용도에 맞춰 여러 가지 바구니를 갖춰 보세요.

a

b

c

d

e

f

g

# 바구니 커버

가지고 있던 실제 바구니의 주머니감에
원 포인트로 바구니 모양을 수놓았더니
훨씬 멋진 바구니가 되었네요.

**만드는 방법
93쪽**

**22쪽의 도안**

*19*

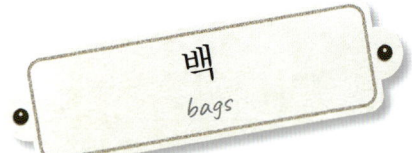

# 백
bags

도안은 실물 크기입니다

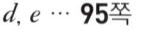

자수 방법
*a* … 93쪽 *f* … 96쪽
*b, c* … 94쪽 *g, h* … 97쪽
*d, e* … 95쪽 *i* … 98쪽

계절이나 장면에 맞추어 갖춰 놓고 싶은 여러 가지 백.
멋 부리고 싶은 마음을 간지럽히는 멋진 디자인을 소개합니다.

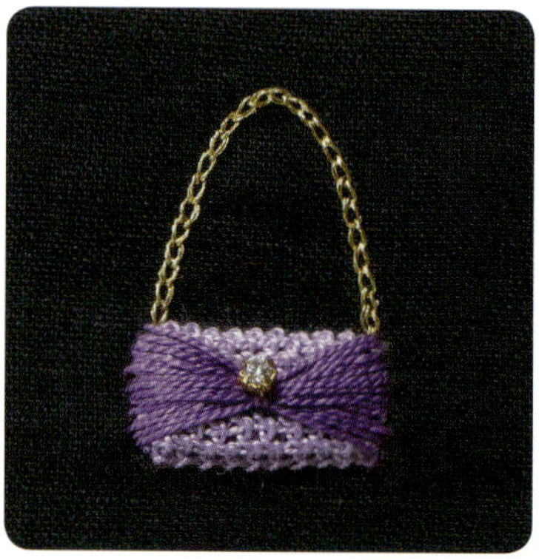

*a*

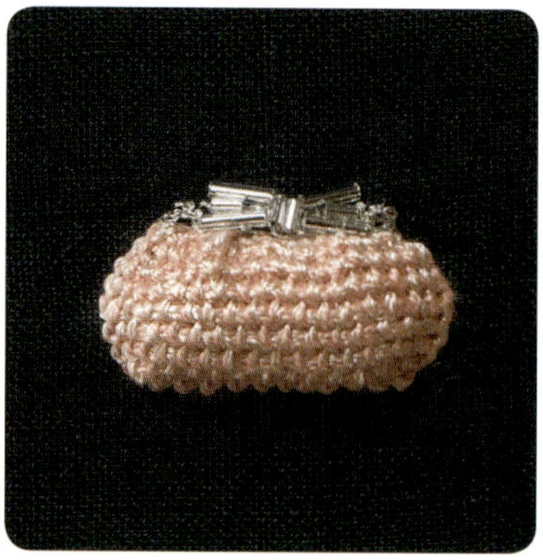

*b*

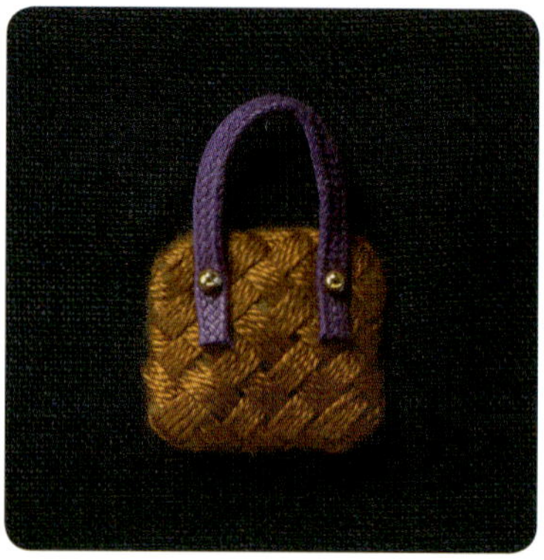

*c*

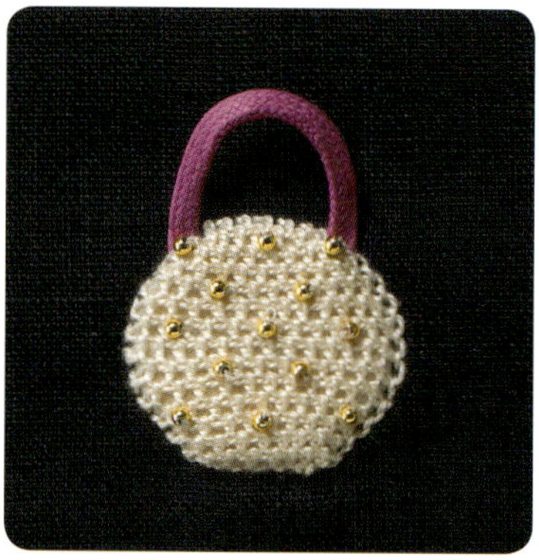

*d*

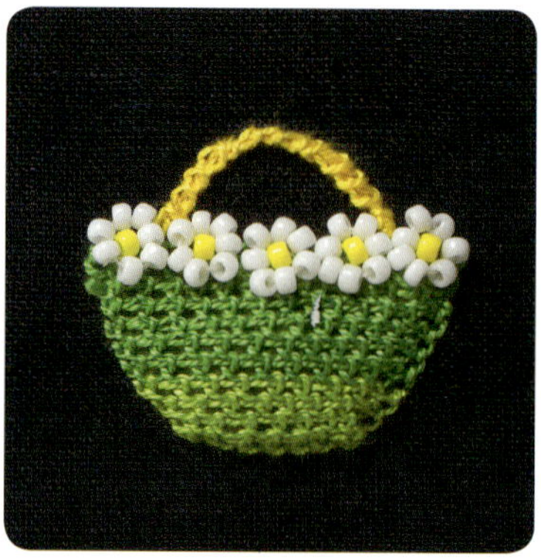

*e*

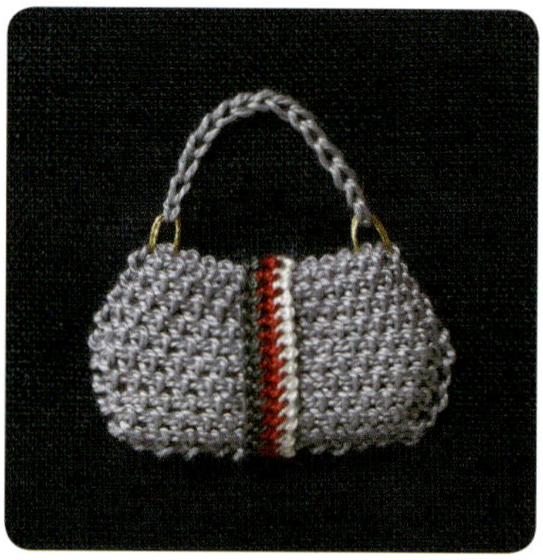

*f*

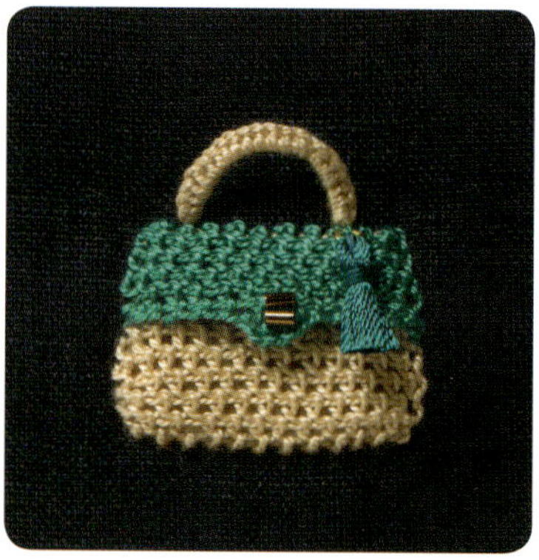

*g*

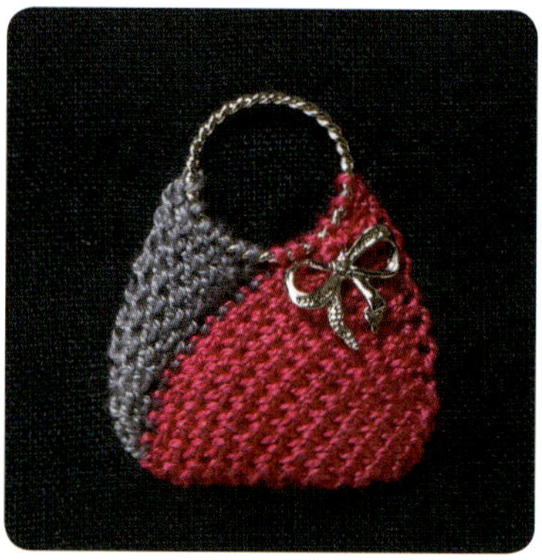

*h*

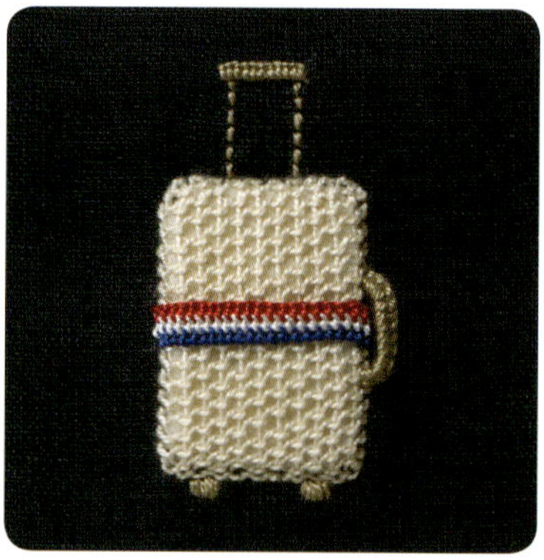

*i*

# 참

엄청 앙증맞은 핸드백(가방) 모양 참입니다.
20번 트렁크의 손잡이는 길이를 조절해서 만들 수도 있습니다.

20

22

23

24

21

20
만드는 방법
98쪽

22~24
만드는 방법
102쪽

21
만드는 방법
100쪽

# 코스메틱 용품
## cosmetics

도안은 실물 크기입니다

자수 방법  a ~ c … **104**쪽
　　　　　 d, e … **105**쪽
　　　　　 f, b … **106**쪽
　　　　　 g, i … **107**쪽

우리 몸을 꾸미는 데 필요한 코스메틱 용품은 주얼리처럼 화사합니다.

ⓐ 향수

ⓑ 향수

ⓒ 퍼프

ⓓ 마스카라

ⓔ 매니큐어

ⓕ 브러시

ⓖ 치크

ⓗ 립스틱

ⓘ 아이섀도

# 파우치

화장품 모양의 자수가 잘 어울리는 화장품 파우치.
내추럴한 리넨에 분홍색과 빨간색의 립스틱 모티프가 눈에 띕니다.

*25*

만드는 방법
108쪽

26쪽의 도안

# 입체자수의 기초

## 입체자수가 완성되기까지

입체자수를 하는 대략의 과정을 소개합니다.

### 1 테두리 수놓기

백 스티치로 테두리를 수놓습니다.

### 2 시작코 만들기

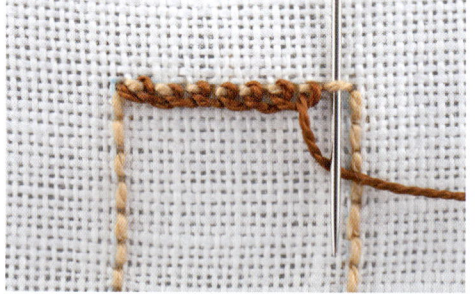

과정 1의 백 스티치를 뜨면서 버튼홀 스티치를 해줍니다.

### 3 걸치기로 심지 만들기

1번 과정 백 스티치 세로 코에 바늘을 통과시켜 실을 가로로 걸치기한 후 심지를 만듭니다.

### 4 버튼홀 스티치 하기

2번 과정에서 만든 시작코 버튼홀 스티치의 실과 3번 과정에서 가로로 걸친 실을 함께 뜨면서(천은 뜨지 않음) 버튼홀 스티치를 합니다.

### 5 버튼홀 스티치로 면을 메우기

순서 4번의 과정을 반복하여 면을 메웁니다. 실 색깔이 바뀌는 경우는 실을 교체합니다.

### 6 펠트를 채워 넣고 막기

수놓은 실과 천 사이에 펠트 등의 충전물을 채워 넣은 후 아래 가장자리를 감침질로 막아 마무리합니다.

## ● 실물 크기 백 스티치와 도안 보는 방법

입체자수의 테두리는 백 스티치로 수놓아 만듭니다. 코 수(코로 줄여 표현하기도 함)는 가로 열, 단 수(단으로 줄여서 표현하기도 함)는 세로 열이 됩니다.  기본적으로 왼쪽 위에서부터 수놓기 시작하여 오른쪽 밑에서 마칩니다. 작품에 따라서는 도안을 가로 방향이나 반대 방향으로 위치를 바꾼 상태에서 수놓는 경우도 있습니다. 이 책에 실은 각 작품 중에는 한 작품에 백 스티치 방법과 도안 두 가지를 모두 소개한 것과 도안만을 개제한 것이 있습니다. 두 가지 모두 소개한 경우에는 먼저 테두리가 되는 백 스티치의 코 수를 확인하여 만들고, 그 후에 면을 메우는 버튼홀 스티치의 도안을 보고 자수실의 색깔이나 충전물, 장식 등의 마무리 방법을 확인해 주세요.

### 실물 크기 백 스티치

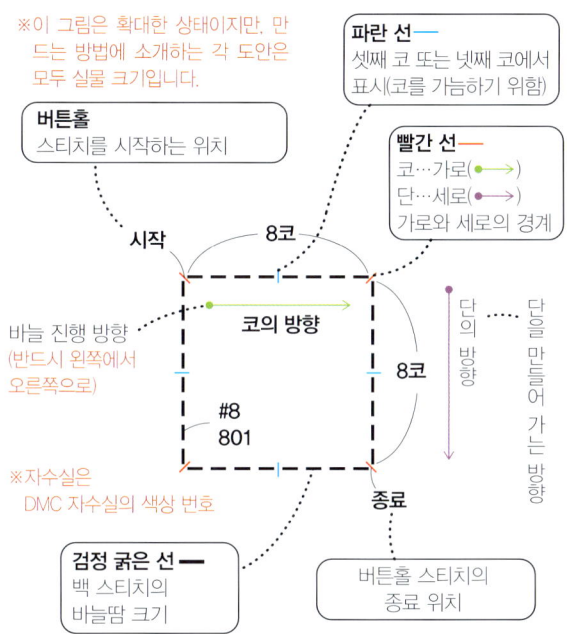

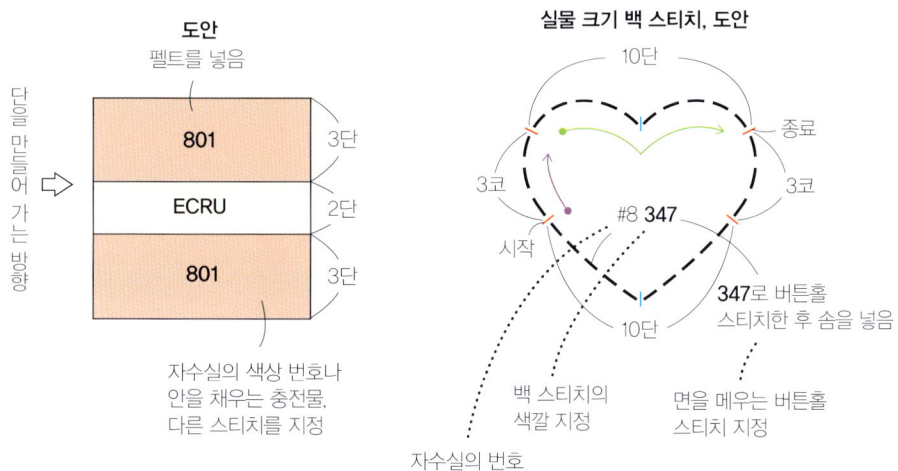

## ● 재료와 도구

입체자수는 주로 8번 자수실 1올을 사용하거나 25번 자수실 3~4올을 사용합니다.

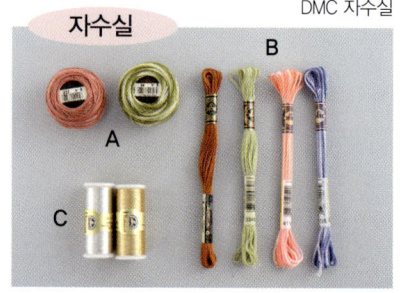

자수실

DMC 자수실

A

B

C

충전물

D

E

★=Adger Kogyo Co.,Ltd. 제품

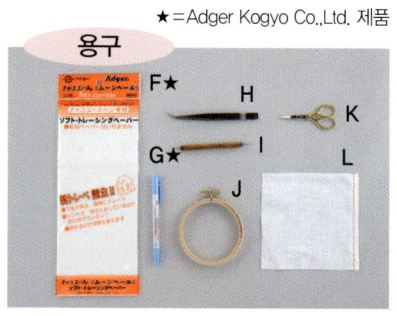

용구

F★  H  K

G★  I  L

J

**A 8번 자수실** … 1올을 사용하는 굵은 실입니다. 그러데이션 실도 있습니다.

**B 25번 자수실** … 가는 6올의 실을 느슨하게 꼬아 놓은 실입니다.

**C 금속사(Lame Yarn) 또는 메탈릭사** … 금사와 은사가 있습니다. 1올 또는 2올을 사용합니다.

**D 펠트** … 볼륨이 적은 입체감을 표현하고자 할 때 자수한 실과 천 사이에 채워 넣습니다. 자수실의 색깔과 맞춰 주세요.

**E 솜** … 자수한 실과 천 사이에 채워 넣습니다. 동글동글 부풀리고자 할 때 사용합니다.

**F 소프트 트레이싱 페이퍼★** … 도안을 옮겨 그릴 때 사용하는 전용 페이퍼입니다.

**G 수성펜★** … 도안을 옮겨 그릴 때 사용하는 전용 펜입니다.

**H 핀셋** … 충전물을 집어넣을 때 사용합니다.

**I 송곳** … 충전물을 넣고 조정할 때 사용합니다.

**J 자수틀** … 너무 크지 않은 지름 10cm 정도의 것을 준비합니다.

**K 자수 가위** … 실을 자르기 위한 자수 전용 가위입니다.

**L 천** … 어떤 종류의 천이든 상관없습니다. 이 책에서는 마를 사용하고 있습니다.

## ● 도안 옮겨 그리는 방법

도안에 천을 올려놓고 비치는 그대로 초크펜 등으로 옮깁니다. 비치지 않을 때는 소프트 트레이싱 페이퍼를 도안에 올려놓고 수성펜으로 따라 그립니다. 도안을 치우고 천에 트레이싱 페이퍼를 올려놓은 후 다시 같은 선을 따라 그리면 페이퍼에서 잉크가 천에 스며들어 표시가 생깁니다. 수성펜으로 그린 선은 물을 적시면 사라지므로 걱정할 필요는 없습니다.

소프트 트레이싱 페이퍼

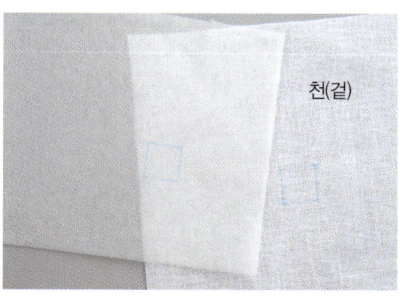

천(겉)

## ● 자수틀과 바늘과 실

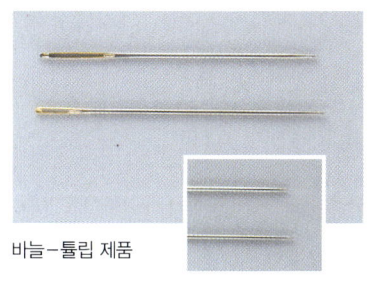

바늘-튤립 제품

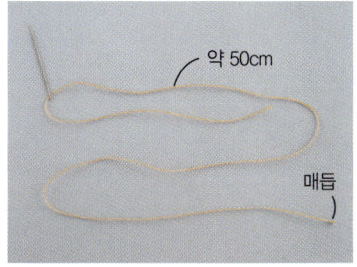

약 50cm

매듭

**자수틀** … 천을 바짝 당겨 헐렁해지지 않도록 나사를 확실하게 조여줍니다. 오른손잡이의 경우 수를 놓는 실이 나사에 걸리지 않도록 나사를 왼쪽 밑으로 가게 해둡니다.

**바늘** … 끝이 뾰족한 프랑스 자수바늘 No. 5(사진 아래쪽/백 스티치에 사용)와 끝이 둥근 크로스 스티치 바늘 No. 24(사진 위쪽/버튼홀 스티치에 사용)를 사용합니다.

**실** … 8번 자수실은 1올을, 25번 자수실은 3~4올을 사용합니다. 얽히지 않도록 50cm 정도를 기준으로 잘라서 쓰세요. 실 끝은 매듭을 해줍니다.

## ● 실 처리, 색 교체

자수를 시작할 때는 매듭을 해주고, 마칠 때는 반드시 오른쪽 백 스티치에 바늘을 넣어 천 뒷면에 나와 있는 실에 여러 번 얽어준 후 실을 자릅니다. 실 색깔을 바꿀 때는 반드시 오른쪽 백 스티치에서 바늘을 빼내 실을 가로로 걸치기한 후 다시 자수를 시작합니다.

실 처리

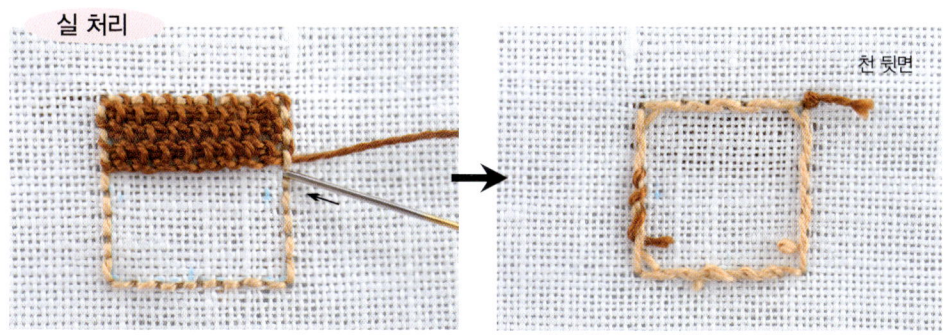

천 뒷면

색 교체

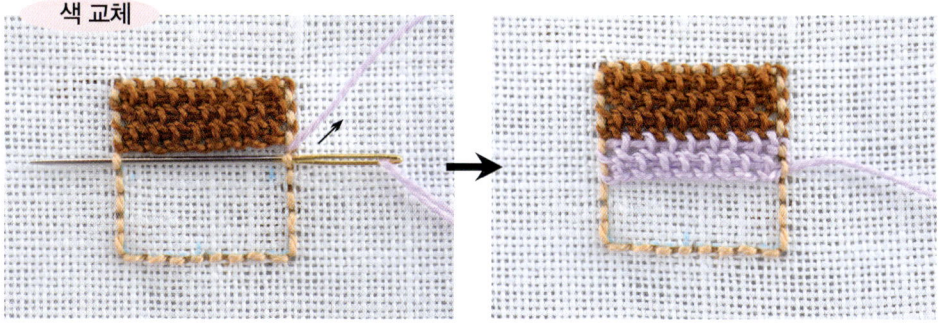

## 입체자수 하는 방법

입체자수는 백 스티치로 테두리를 만든 후 천은 뜨지 않고 실만을 떠서 버튼홀 스티치를 하여 만듭니다.

이 책에서는 주로 두 종류의 버튼홀 스티치를 사용하고 있습니다.

하나는 실을 가로로 걸친 후 그 가로 실을 심(심지) 삼아 버튼홀 스티치를 하는 방법입니다.

이 방법은 심지(코드)이 들어가므로 '코디드 디태치드 버튼홀 스티치(Corded Detached Buttonhole Stitch) (심이 들어가 천에 접촉하지 않는 버튼홀 스티치)'라고 부릅니다. 이 책에서는 버튼홀 스티치로 줄여서 표현하고 있습니다.

다른 하나는 심지 없이 버튼홀 스티치의 실만을 떠서 자수하는 방법입니다. 나선형으로 자수를 진행하거나 왕복해서 수를 놓아 갑니다. 이 기법은 심지을 만들지 않으므로 '디태치드 버튼홀 스티치'라고 부릅니다.

두 가지 모두 천을 뜨지 않기 때문에 자수한 실이 천과 떨어져 있는 상태가 된다는 점이 특징이라고 할 수 있습니다. 여기에 펠트나 솜 등을 채워 넣어 볼륨을 줌으로써 입체 상태가 됩니다.

### 코디드 디태치드 버튼홀 스티치(Corded Detached Buttonhole Stitch)

① 백 스티치로 모양의 테두리를 잡습니다(테두리 부분).
② 윗변 백 스티치만을 떠서 버튼홀 스티치를 하여 시작코를 만듭니다(하늘색 부분).
③ 양쪽 세로 열의 백 스티치에 실을 통과시켜 심으로 사용할 가로 실을 만듭니다(주황색 부분).
④ 천은 뜨지 않고, 시작코와 심지를 함께 떠서 버튼홀 스티치를 합니다(분홍색 부분).

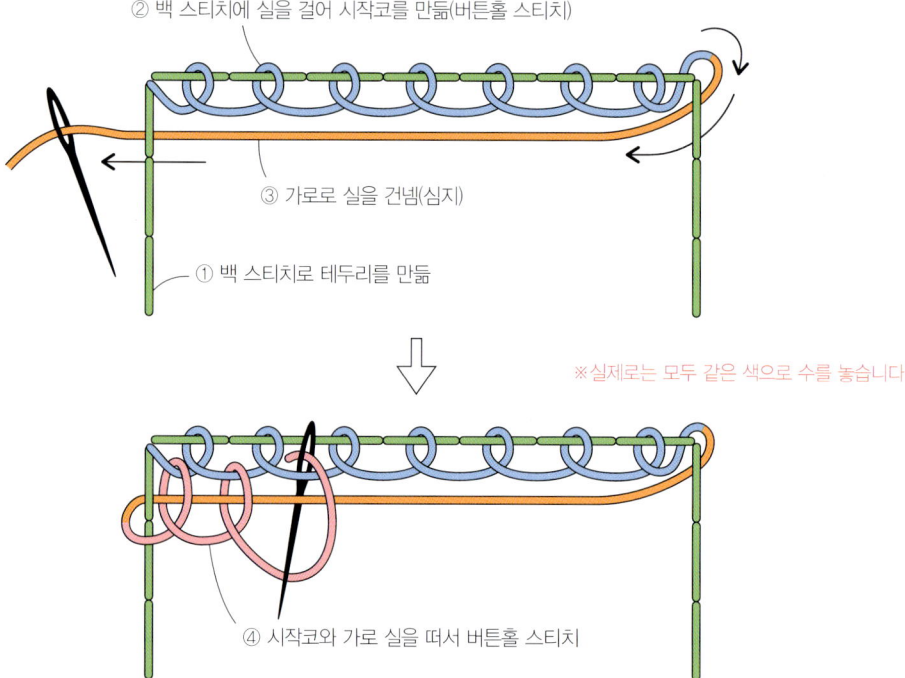

② 백 스티치에 실을 걸어 시작코를 만듦(버튼홀 스티치)

③ 가로로 실을 건넴(심지)

① 백 스티치로 테두리를 만듦

※실제로는 모두 같은 색으로 수를 놓습니다.

④ 시작코와 가로 실을 떠서 버튼홀 스티치

수놓는 방향은 모두 왼쪽에서 오른쪽입니다. 바늘은 위에서 아래를 향합니다.(35쪽 참조)

## 입체자수를 표현하는 방법

입체자수는 코 수를 늘리지 않고 수놓는 방법, 코 수를 늘려 나가는 방법, 줄여나가는 방법 등 세 종류가 있습니다. 모두 코디드 디태치드 버튼홀 스티치를 이용합니다.

원형 도안의 경우는 버튼홀 스티치를 바깥둘레에서부터 나선형으로 수놓아 가는 방법(디태치드 버튼홀 스티치)도 있습니다.

## 1 같은 코 수로 만들기

백 스티치를 한 후 윗변 한 코에 버튼홀 스티치를 1회 하여 시작코를 만듭니다.

끝까지 진행했다면 윗변 마지막 코에 바늘을 통과시켜 테두리 바깥쪽으로 빼냅니다. 세로 열 백 스티치 첫째 단에 바늘을 통과시켜 실을 가로로 걸치기한 후 시작코와 가로실(심지)을 떠서 버튼홀 스티치를 합니다.

왼쪽 첫 코를 뜬다(1), 오른쪽 마지막 코는 뜨지 않는다(2), 왼쪽 첫 코는 뜨지 않는다(3), 오른쪽 마지막 코를 뜬다(4)

이 과정을 1단마다 번갈아서 반복하여 같은 코 수를 유지하면 코 수의 증감이 없는 면이 완성됩니다.

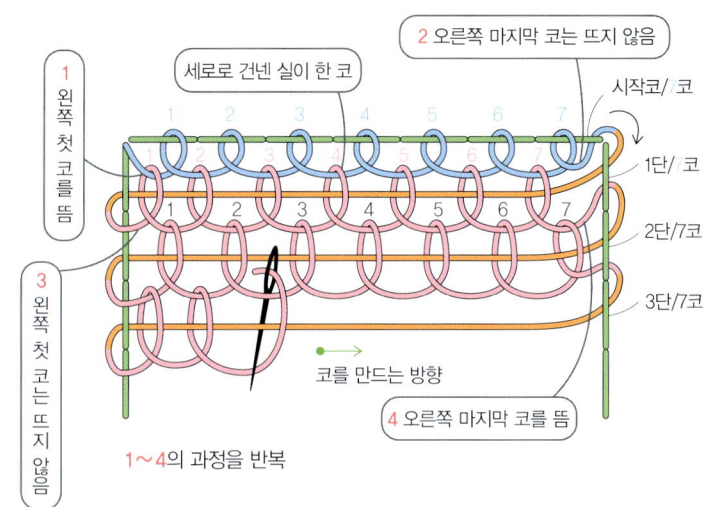

## 2 한 코 늘리기

백 스티치로 밑단 부분의 폭이 넓어지도록 테두리를 만듭니다.

1과 마찬가지로 실을 가로로 걸치기한 후 버튼홀 스티치를 합니다.

오른쪽 마지막은 백 스티치에 건 앞쪽 실도 함께 뜨면 코를 하나씩 늘릴 수 있습니다.

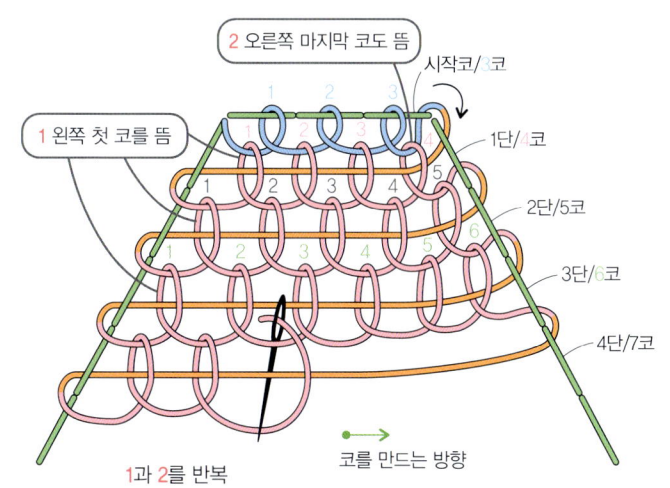

## $3$  한 코 줄이기

백 스티치로 밑단 부분의 폭이 좁아지도록
테두리를 만듭니다. 1과 마찬가지로 실을 가
로로 걸치기한 후 버튼홀 스티치를 합니다.
왼쪽 첫 코와 오른쪽 마지막 코를 뜨지 않고
수를 놓으면 코를 하나씩 줄일 수 있습니다.

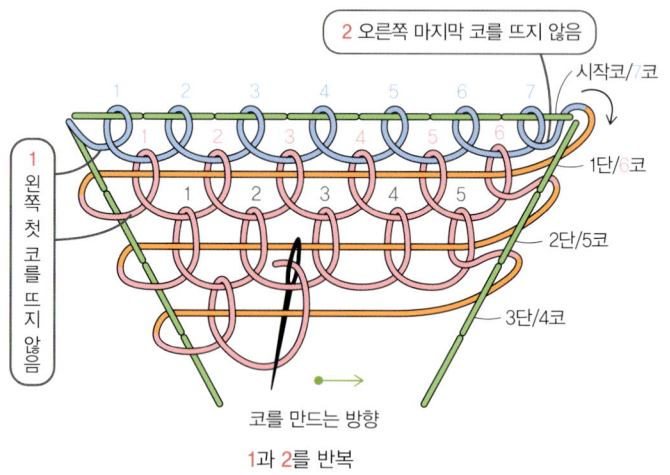

## $4$  나선형으로 만드는 원형의 버튼홀 스티치

원형은 코 수를 늘리거나 줄이는 방법 외에 나선
형으로 수놓아 가는 방법이 있습니다.
바깥 둘레에서부터 안쪽을 향해 진행해 갑니다.
실을 가로로 걸치지 않는 이 자수 방법이 바로 디
태치드 버튼홀 스티치입니다.

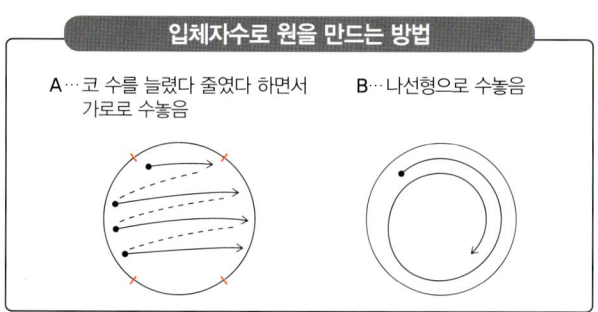

### 디태치드 버튼홀 스티치

백 스티치의 실을 뜨면서 버튼홀 스티치로 한 바퀴를 돕니다(파란색 부분).
두 바퀴째는 첫째 바퀴의 실을 떠서 버튼홀 스티치를 합니다(분홍색 부분).

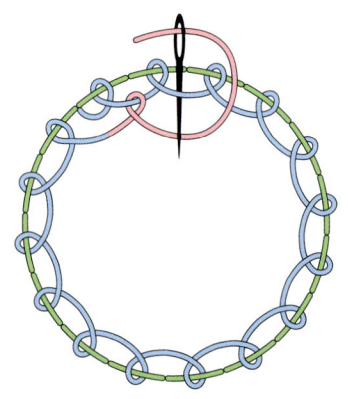

코 수를 줄일 때는 한 코 걸러서 수를 놓습니다.

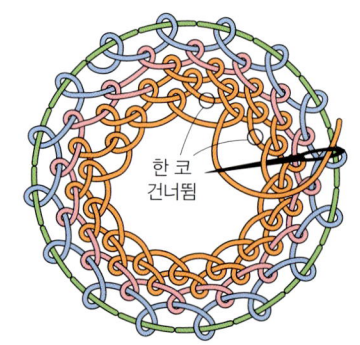

## 여러 가지 입체자수 방법 레슨

12쪽의 초콜릿 만드는 방법을 사진과 함께 설명합니다.
가장 기본이 되는 것이 A의 사각 초콜릿과 E의 하트 초콜릿.
버튼홀 스티치를 사용한 입체자수의 기초를 알 수 있습니다.

A… 사각형 입체자수

B… 원형 입체자수

C… 레이즈드 스템 스티치

D… 자수실로 만드는 꼰실

E… 코를 늘리거나 줄여서 만드는 입체자수

F… 걸치기한 실을 뜨는 자수

G… 실을 밑으로 통과시켜 만드는 체커 모양 자수

H… 높이(측면)를 만드는 입체자수

I… 레이즈드 리프 스티치 (나뭇잎 자수)

테두리는 백 스티치 #8 938
메탈릭사는 백 스티치 D3821(DMC 디아 망뜨)
크기는 12쪽 사진 참조

---

## A 사각형 입체자수

코의 늘림 및 줄임이 없는 버튼홀 스티치 방법의 입체자수입니다.

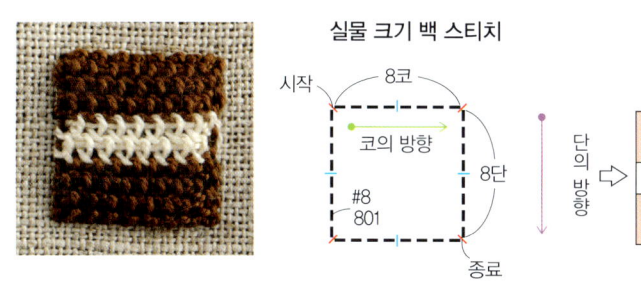

**실물 크기 백 스티치**

시작 / 8코 / 코의 방향 / 8단 / #8 801 / 종료

단의 방향 ⇨

**실물 크기 도안**

| 801 | 3단 |
|---|---|
| ECRU | 2단 |
| 801 | 3단 |

※이해하기 쉽도록 다른 색깔의 실을 사용하였습니다.

### 🟣 백 스티치로 테두리 수놓기

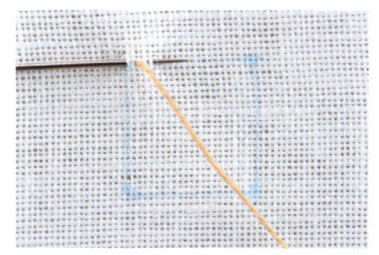

*1* 프랑스 자수바늘에 자수실을 꿰어 매듭을 해줍니다. 뒤에서 앞으로 바늘을 빼내어 백 스티치(48쪽 참조)를 합니다.

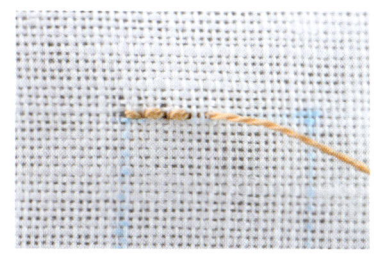

*2* 가능한 한 바늘땀 크기를 일정하게 합니다.

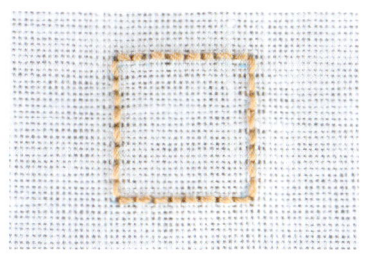

*3* 테두리의 백 스티치가 완성되었습니다.

## ● 시작코 만들기

*4* 천 뒷면의 모습입니다. 마지막은 뒷면 바늘땀에 실을 여러 차례 얽고 나서 잘라줍니다.

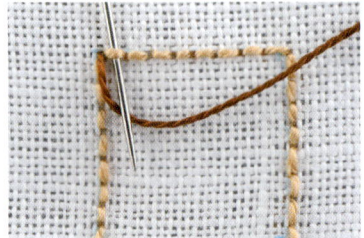

*5* 크로스 스티치 바늘에 자수실을 꿰어 매듭을 지어줍니다. 왼쪽 위에서 바늘을 빼내 백 스티치한 땀에 바늘을 통과시켜 실을 겁니다.

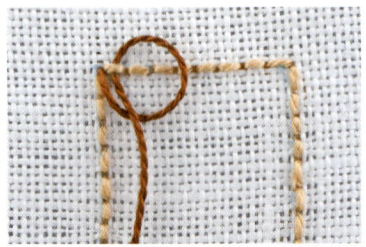

*6* 실을 아래로 잡아당깁니다. 입체자수의 버튼홀 스티치는 위에서 바늘을 넣어 아래로 실을 당깁니다.

## ● 실 걸치기

*7* 한 코씩 버튼홀 스티치를 합니다. 시작코가 완성되었습니다.

*8* 다음 단으로 넘어가기 위해 실을 여덟 번째 코의 백 스티치 바깥쪽으로 빼냅니다.

*9* 양쪽의 세로 첫째 단의 백 스티치에 바늘을 넣습니다.

## ● 첫째 단의 버튼홀 스티치

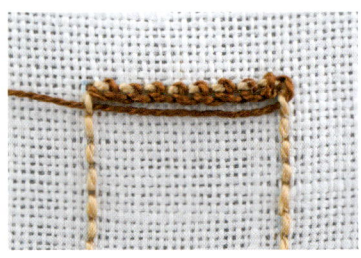

*10* 바늘을 쭉 빼냅니다. 첫째 단의 실이 걸쳐졌습니다.

*11* 시작코와 걸쳐진 심지실을 함께 떠서 바늘을 통과시켜 실을 걸어줍니다.

*12* 실을 아래로 잡아당깁니다. 입체자수의 버튼홀 스티치는 위에서 바늘을 넣어 아래로 실을 당깁니다.

*13* 마찬가지로 여덟 코를 만듭니다. 마지막 한 코는 뜨지 않습니다(33쪽 참조).

*14* 첫째 단 백 스티치의 바깥쪽으로 실을 빼내어 둘째 단을 위한 실을 가로로 걸칩니다. 반드시 같은 세로 단 수의 코에 바늘을 넣습니다.

*15* 가로로 실을 건넨 후 첫 코는 뜨지 않고(33쪽 참조) 둘째 단을 수놓습니다.

## ● 실 색깔 교체하기

*16* 첫째 단과 마찬가지로 셋째 단을 수 놓습니다.

*17* 다음 단은 실 색깔을 교체하므로 한 차례 실을 매듭지어 마무리합니다. 백 스티치 위치에 바늘을 넣고 천 뒷면의 실에 몇 차례 얽은 뒤 실을 잘라 주세요.

*18* 새로 사용할 실을 매듭지은 후 오른쪽 백 스티치로 빼냅니다. 같은 세로 단의 코에 바늘을 통과시킵니다.

*19* 첫째 단과 마찬가지로 셋째 단을 수 놓습니다.

*20* 계속 반복하여 여덟째 단까지 버튼홀 스티치 합니다. 실은 꿰어져 있는 상태 그대로 둡니다.

## ● 펠트를 채워 넣기

*21* 도안보다 조금 작게 자른 펠트를 준비합니다. 색깔은 자수실 색깔과 맞춰 주세요.

## ● 감침질하여 막기

*22* 오픈 상태인 아랫부분을 통해 펠트를 채워 넣습니다. 핀셋이나 송곳으로 가장자리까지 확실히 넣어 주세요.

*23* 잘라내지 않고 바늘에 꿰어져 있던 실로 마지막 단을 감침질. 백 스티치를 뜨고 버튼홀 스티치의 실을 뜹니다.

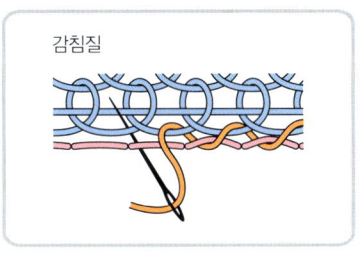

감침질

*24* 테두리의 백 스티치와 코 수가 일치하므로 같은 수만큼 감침질합니다. 마지막에는 왼쪽 백 스티치에 바늘을 넣습니다.

완성     앞면

뒷면

뒷면의 실 사이에 몇 차례 얽고 나서 실을 잘라냅니다.

## B 원형 입체자수

나선을 그리듯이 원을 수놓아가는 방법입니다.

**실물 크기 백 스티치**

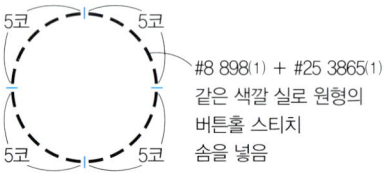

5코　　5코

#8 898(1) + #25 3865(1)
같은 색깔 실로 원형의
버튼홀 스티치
솜을 넣음

5코　　5코

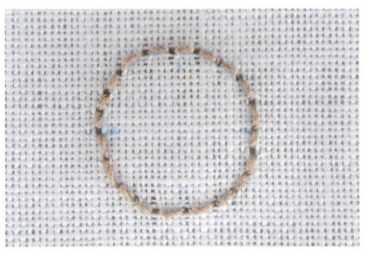

*1* 백 스티치로 원형 테두리를 수놓습니다.

※이해하기 쉽도록 다른 색깔의 실과 솜을 사용하고 있습니다.

*2* 한 코에 하나의 버튼홀 스티치로 한 바퀴 수놓습니다. 첫 코에 바늘을 넣어 원의 형태로 만듭니다.

*3* 나선을 그리듯이 두 바퀴째 버튼홀 스티치를 합니다.

*4* 실이 모자라면 새 실로 교체해야 하는데, 우선 버튼홀 스티치 안쪽에 바늘을 통과시킨 후 테두리 백 스티치에 바늘을 넣고 뒷면에서 실을 얽은 뒤 잘라줍니다.

*5* 새로 사용할 실을 테두리 백 스티치 위치에서 빼내 버튼홀 스티치 안쪽을 통과시킨 후 마지막 코로 되돌아옵니다.

*6* 이어서 버튼홀 스티치를 합니다.

*7* 네 바퀴째까지 한 코에 하나의 버튼홀 스티치를 합니다.

*8* 실과 같은 색깔의 솜을 동그랗게 말아 안에 채워 넣습니다.

*9* 5~7바퀴째는 한 코 수 놓고 한 코 걸러 코 수를 줄이고, 마지막에는 중심에 바늘을 넣어 천 뒷면까지 통과시킵니다. 실을 너무 세게 잡아당기지 마세요.

**완성**

*10* 천 뒷면에서 매듭을 해줍니다.

## C 레이즈드 스템 스티치

가로로 수놓은 가이드실 밑을 통과하면서 진행하여 면을 메우는 스티치입니다.

### 실물 크기 형지

펠트

레이즈드 스템 스티치

#8 938

※이해하기 쉽도록 다른 색깔의 실과 펠트를 사용하고 있습니다.

*1* 펠트를 천에 얹어 임시 고정합니다(× 표시 부분). 심으로 삼을 실을 가로로 다섯 줄 걸치기한 후 매듭을 해줍니다.

*2* 초콜릿 측면을 레이즈드 스템 스티치로 수놓습니다. 새 실을 매듭 해준 후 왼쪽 위로 빼냅니다. 가로로 걸치기한 실을 한 줄 아래서부터 위로 뜹니다.

*3* 마찬가지로 다섯 줄의 실을 한 줄씩 떠서 바늘을 왼쪽 아래에 넣습니다. 1열의 레이즈드 스템 스티치가 완성되었습니다.

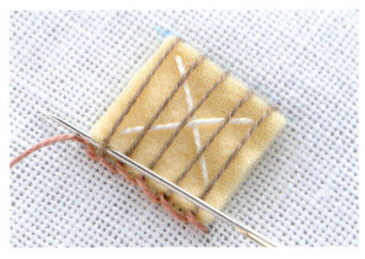

*4* 위로 실을 빼내 2열째 레이즈드 스템 스티치를 합니다.

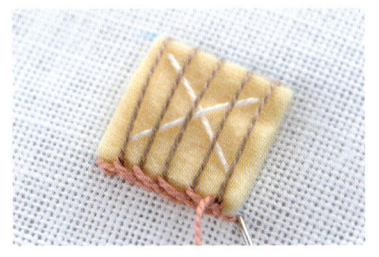

*5* 2열은 측면이 됩니다. 바늘을 넣습니다.

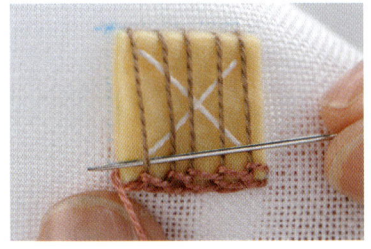

*6* 3열째 레이즈드 스템 스티치를 합니다. 여기서부터 위쪽 면을 메워 나갑니다.

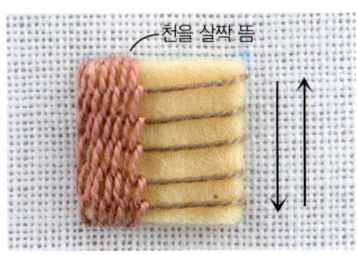

천을 살짝 뜸

*7* 가장자리는 천을 한 땀 뜹니다. 천 위 아래를 바꾸면서 왕복하여 수를 놓아 윗면을 만듭니다. 실이 평행해지도록 하고 임시 고정한 실은 풀어줍니다.

*8* 모든 면을 메웠습니다. 마지막에는 천 뒷면에서 매듭을 합니다. 비즈를 3개 준비합니다.

*9* 뒷면에서 바늘을 넣어 비즈를 꿴 후 꿰매 붙입니다.

완성

## F 스트레이트 스티치한 심지들

실을 원하는 만큼 걸쳐서 스트레이트 심지를 만든 후 버튼홀 스티치를 합니다.

**실물 크기 도안**

버튼홀 스티치
#8 433 (2)

스트레이트 스티치
#25 4075 (6)

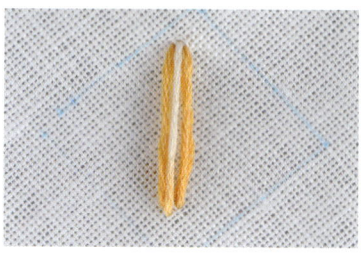

*1* 25번 자수실 6올을 사용해 바늘을 천에서 빼낸 후 5회 걸치기로 심을 만듭니다.

0.3 간격을 띄움

*2* 8번 자수실 2올을 사용해 왼쪽 심 바로 옆으로 빼냅니다.

*3* 전체 심을 떠서 버튼홀 스티치를 합니다.

*4* 틈새가 벌어지지 않도록 버튼홀 스티치를 해나갑니다.

0.3 남김

*5* 심을 0.3cm 남겨 놓습니다. 마지막에는 천 뒷면에서 매듭을 해줍니다.

완성

## D 자수실로 만드는 꼰실

꼰실을 만들어 천에 동그랗게 말아 꿰매 붙입니다.

**실물 크기 도안**

사용 실
#8 3865

보조선

※이해하기 쉽도록 다른 색깔의 실을 사용하고 있습니다.

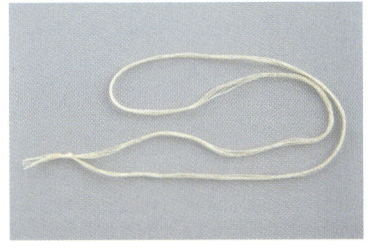

*1* 8번 자수실 80cm×5올을 준비하여 양 끝을 한데 묶어 고리 형태로 만듭니다.

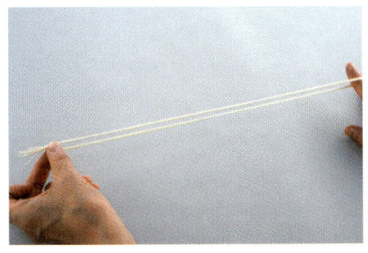

*2* 매듭 부분을 왼손으로 잡고 반대쪽을 오른쪽 검지에 겁니다.

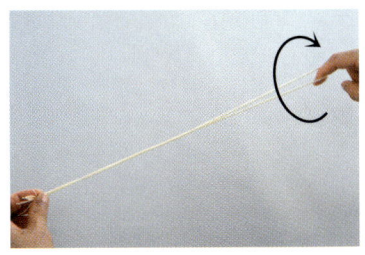

*3* 왼손은 움직이지 않고 오른손만을 한 방향으로 감습니다.

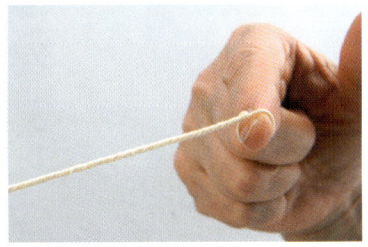

*4* 손가락이 쉽게 빠지지 않을 때까지 감아줍니다. (약 50회)

*5* 꼬임이 풀리지 않도록 주의하면서 손가락을 뺍니다.

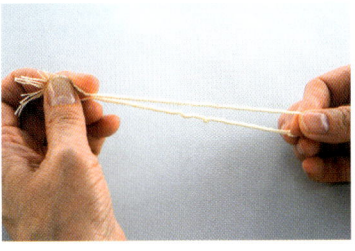

*6* 매듭 부분과 반대쪽 끝부분을 맞댑니다.

*7* 실을 잡고 있는 오른손을 놓으면 실이 꼬입니다.

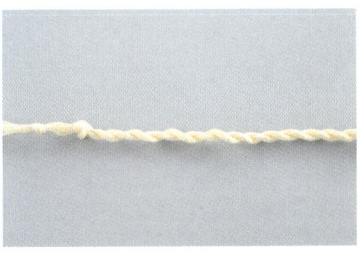

*8* 두 가닥을 함께 묶습니다.

*9* 꼬임의 상태를 깔끔하게 정돈합니다. 매듭 부분에서 0.5cm 남겨 실을 자릅니다. 이렇게 약 12cm의 꼰실을 완성합니다.

*10* 천에 보조선을 그리고 중심에 매듭 부분을 꿰매 붙입니다.

*11* 보조선을 따라 꼰실을 동그랗게 말고 꼬임 사이에 바늘을 통과시켜 천에 꿰매 붙입니다.

*12* 한 바퀴 꿰매 붙인 모습입니다.

*13* 두 바퀴째는 봉긋하게 위로 올라오게 해서 꿰매 붙입니다.

마지막은 고리 부분으로 실을 빼낸 후 천 뒷면에서 매듭을 해줍니다.

## E 코를 늘리거나 줄여서 만드는 입체자수

코를 늘리거나 줄여서 곡선 형태를 만드는 입체자수입니다.
바느질을 하기 쉽도록 도안을 옆으로 놓고 진행하였습니다.

**실물 크기 백 스티치, 도안**

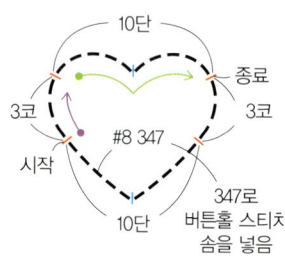

10단

종료

3코

3코

시작

#8 347

347로
버튼홀 스티치
솜을 넣음

10단

※이해하기 쉽도록 다른 색깔의 실과 솜을 사용하고 있습니다.

*1* 백 스티치로 테두리를 만듭니다.

*2* 천을 옆으로 놓고 시작 위치에서 바늘을 빼냅니다. 3코의 시작 코를 만듭니다(35쪽 참조).

*3* 백 스티치 바깥으로 실을 빼내어 첫째 단의 백 스티치에 바늘을 넣습니다.

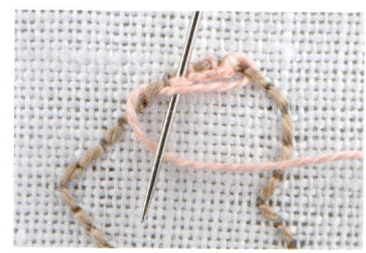

*4* 실을 가로로 걸쳐서 시작 코와 가로로 건넨 실을 함께 뜨면서 버튼홀 스티치를 합니다.

*5* 첫째 단은 한 코를 늘려 4코 버튼홀 스티치를 합니다.

*6* 둘째 단은 5코, 셋째 단은 6코, 넷째 단은 7코, 다섯째 단은 8코로 코 수를 늘리면서 버튼홀 스티치를 합니다. 이제 절반이 완성되었습니다.

*7*  실을 가로로 걸친 후 여섯째 단은 다섯째 단과 같은 코 수로 8코를 수놓습니다.

*8*  바늘을 백 스티치 바깥으로 빼냅니다.

*9*  일곱째 단에 바늘을 통과시켜 실을 가로로 걸친 후 한 코를 줄여 수놓습니다.

*10*  일곱째 단은 7코, 여덟째 단은 6코, 아홉째 단은 5코, 열 번째 단은 4코로 코 수를 줄이면서 수놓습니다. 아랫부분이 오픈된 상태입니다.

*11*  자수실과 같은 색깔의 솜을 준비하여 동그랗게 말아줍니다.

*12*  핀셋을 사용해 솜을 넣어줍니다.

*13*  백 스티치가 3코, 버튼홀 스티치가 4코이므로 첫 코를 2회 감치고 나머지도 감침질하여 막아줍니다.

완성

실을 천 뒷면으로 빼내서 마무리합니다.

# G 실을 밑으로 통과시켜 만드는 체커 모양 자수

자수실을 깔끔하게 나열하여 스트레이트 스티치로 체커 모양을 만듭니다.

**실물 크기 형지**

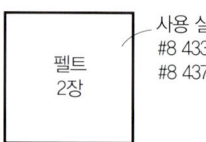

사용 실
#8 433
#8 437

펠트
2장

※이해하기 쉽도록 다른 색깔의 실과 솜을 사용하고 있습니다.

*1* 펠트 2장을 겹쳐서 천에 임시 고정합니다(× 표시 부분). 세로와 가로의 실 색깔을 다르게 합니다. 중심에서 시작하여 세로, 가로의 순으로 약 0.4cm 폭 만큼 천까지 떠서 스트레이트 스티치를 합니다.

*2* 다시 바로 옆을 세로로 0.4cm만큼 스트레이트 스티치를 합니다.

*3* 위아래를 반대로 하여 가로 실을 세로 실에 통과시키면서 스트레이트 스티치를 합니다.

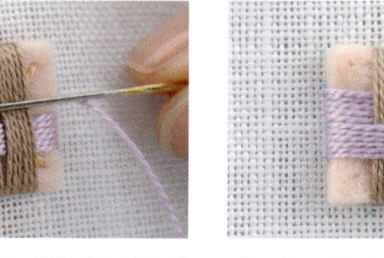

*4* 가로 자수가 끝났습니다. 중심이 체커 모양이 되었죠. 그러면 임시 고정한 실을 제거합니다.

*5* 이번에는 가로 실에 바늘을 통과시키면서 스트레이트 스티치를 합니다.

*6* 세로 3열이 완성되었습니다.

*7* 아래의 가로 열을 마찬가지로 세로 실에 통과시키면서 스트레이트 스티치를 합니다.

*8* 오른쪽 가장자리의 세로 열을 수놓습니다.

*9* 마지막의 가로 역시 바늘을 세로 실 밑으로 통과시키면서 수를 놓습니다.

완성

# H 높이(측면)를 만드는 입체자수

측면을 나선형으로 만들고 나서 수를 놓는 입체자수입니다.

**실물 크기 백 스티치, 도안**

스트레이트 스티치 D 3821(1)

9코    #8 898

5단                5단

9코

※같은 크기의 펠트 2장

*1*  테두리를 백 스티치 합니다. 펠트를 2장 준비합니다.

※이해하기 쉽도록 다른 색깔의 실과 솜을 사용하고 있습니다.

*2*  펠트를 겹쳐서 임시 고정합니다.

*3*  백 스티치한 후 두 바퀴 버튼홀 스티치를 해주고 백 스티치에 바늘을 넣어 뒷면에서 실을 마무리합니다.

*4*  실의 색을 바꾼 후 오른쪽 위의 버튼홀 스티치로 바늘을 빼냅니다.

*5*  첫째 단의 버튼홀 스티치에 바늘을 넣습니다.

*6*  가로로 실을 걸치기합니다.

*7*  코를 늘리거나 줄이지 않고 버튼홀 스티치를 합니다.

*8*  5단까지 버튼홀 스티치를 하여 9코를 아래쪽 측면 버튼홀 스티치와 함께 떠서 감침질하여 막습니다.

*9*  실을 천 뒷면으로 빼내서 마무리합니다. 천 뒷면에서 임시 고정했던 실을 풀어줍니다.

완성

사진과 같이 메탈릭으로 마무리하면 완성입니다.

# 레이즈드 리프 스티치(나뭇잎 자수)

볼록하게 도드라진 나뭇잎을 수놓아 초콜릿 위를 장식하는 스티치입니다.

**실물 크기 백 스티치**

시작 ── 8코 ──

코의 방향

#8
801

8단

종료

단의 방향

**실물 크기 형지**

버튼홀 스티치
#8 801

레이즈드 리프 스티치
#8 3348

※초콜릿은 35쪽 A와 같습니다.

*1* 잎의 중심 위치에 시침핀을 꽂습니다. 잎 길이를 정해 실을 빼내어 시침핀에 걸어줍니다.

*2* 바늘을 넣고 중심에서 빼내 다시 한 번 시침핀에 실을 겁니다.

*3* 시침핀에 걸린 3가닥의 실이 바늘의 위, 아래, 위에 위치하는 형태로 바늘을 움직입니다. 토대를 이루고 있는 초콜릿 부분은 뜨지 않고 나뭇잎에 사용하는 실만을 뜹니다.

*4* 바늘을 빼냅니다. 이번에는 반대로 실이 아래, 위, 아래에 위치하는 형태로 바늘을 통과시킵니다.

*5* 이 과정을 마지막까지 반복합니다.

완성

나뭇잎의 아랫부분까지 진행했다면 시침핀을 제거합니다. 마지막에는 바늘을 천 뒷면으로 빼내어 매듭을 합니다.

## 그 밖의 여러 가지 스티치 방법

● 레이즈드 리프 스티치(Raised Leaf Stitch)

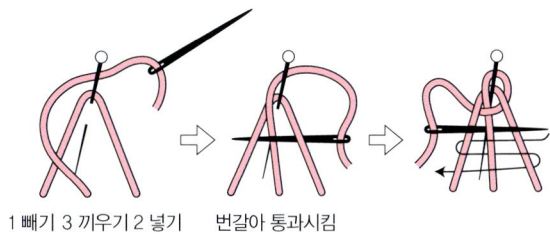

1 빼기 3 끼우기 2 넣기     번갈아 통과시킴

---

● 레이즈드 스템 스티치(Raised Stem Stitch)

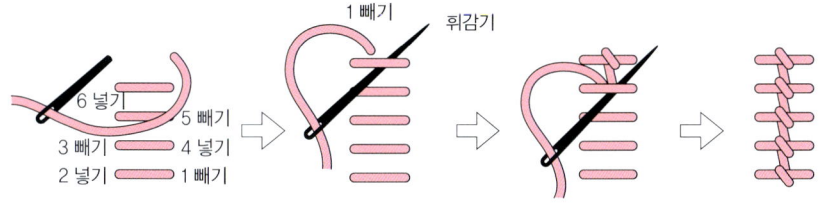

1 빼기     휘감기

6 넣기    5 빼기
3 빼기    4 넣기
2 넣기    1 빼기

---

● 스파이더 웹 로즈 스티치(Spider Web Rose Stitch)

스트레이트 스티치로 5개의 심지를 만듦

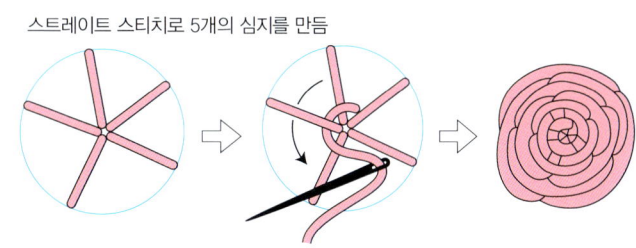

---

● 스미르나 스티치(Smyrna Stitch)

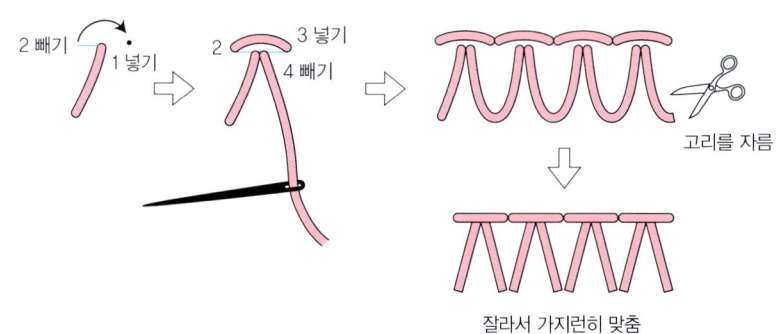

2 빼기   1 넣기    2   3 넣기    4 빼기

고리를 자름

잘라서 가지런히 맞춤

## 루프 스티치(Loop Stitch)

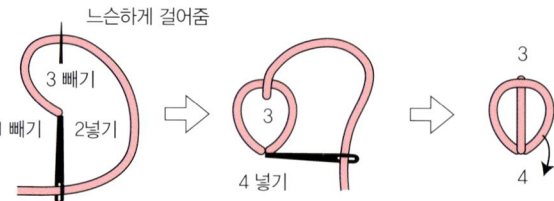

느슨하게 걸어줌

3 빼기
1 빼기  2넣기
3
4 넣기
3
4

## 스트레이트 스티치(Straight Stitch)

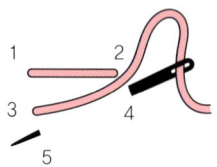

1      2
3      4
5

## 레이지 데이지 스티치(Lazy Daisy Stitch )

## 아우트라인 스티치(Outline Stitch)

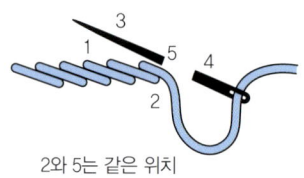

3
1      5      4
2

2와 5는 같은 위치

## 백 스티치(Back Stitch)

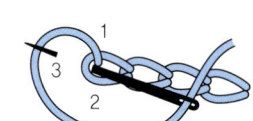

1      2
3

## 체인 스티치(Chain Stitch)

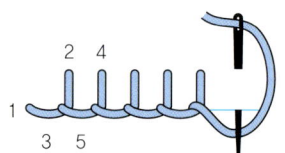

1
3
2

## 버튼홀 스티치(Buttonhole Stitch)

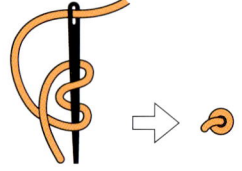

2   4
1
3   5

## 프렌치 너트 스티치(French Knots Stitch)

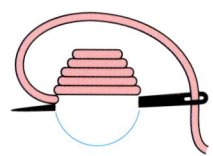

## 오픈 레이지 데이지 스티치(Open Lazy Daisy Stitch)

※ 보통 플라이 스티치(Fly Stitch)로 많이 불립니다.

4 넣기
1 빼기  3 빼기  2 넣기

## 새틴 스티치(Satin Stitch)

## 휘프트 체인 스티치(whipped chain stitch)

# 책에 소개한 작품 만드는 방법

■ 자수실은 모두 **DMC 자수실**
■ 입체자수의 기초는 28쪽 참조
■ #8…8번 자수실 1올 사용
　지정 이외는 25번 자수실, ( ) 안에는 사용할 실 가닥 수를 표시
■ 비즈나 참을 장식하는 경우는 같은 색의 자수실을 사용해 천에까지
　바늘을 통과시켜 꿰매 붙임
■ 입체자수 이외의 스티치는 48쪽

## 4쪽 *a* 바나나

1. 백 스티치로 테두리를 만든다.

2. 시작코　16코
　1~2단　한 코씩 늘림
　3~4단　한 코씩 줄임

3. 솜을 넣어서 감침질하며 마무리 한다.

4. 바나나 안으로 실을 통과시켜 껍질
　위의 선을 표현해 준다.

5. 선단을 스트레이트 스티치, 밑동 부분
　을 아우트라인 스티치로 수놓는다.

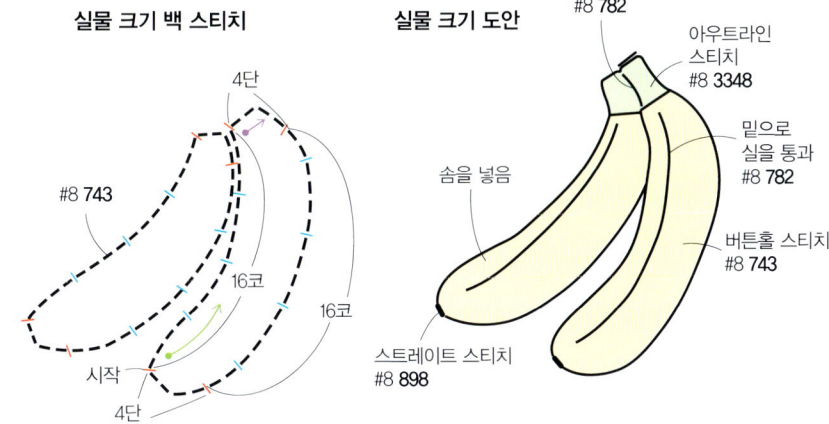

**실물 크기 백 스티치**

4단
#8 743
16코
16코
시작
4단

**실물 크기 도안**

스트레이트 스티치
#8 782

아우트라인
스티치
#8 3348

밑으로
실을 통과
#8 782

솜을 넣음

버튼홀 스티치
#8 743

스트레이트 스티치
#8 898

## 4쪽 *b* 멜론

1. 백 스티치로 테두리를 만든다.

2. 시작코 6코
　1~5단　한 코씩 늘림
　6~10단　한 코씩 줄임

3. 펠트를 넣고 펠트 아래 솜을 넣는다.

4. 멜론의 무늬를 오픈 레이지 데이지
　스티치(플라이 스티치)로
　무작위 수놓는다.

5. 덩굴은 스트레이트 스티치 1번을 한
　후 버튼홀 스티치로 떠서 수놓는다.

**실물 크기 백 스티치**

시작　6코
#8 954
+
#25 320(1)
10단
10단
6코
종료

**실물 크기 도안**

실을 걸쳐서 버튼홀 스티치
#8 368

펠트와 솜을 넣음

버튼홀
스티치
#8 954
+
#25 320(1)

위에서부터 오픈 레이지 데이지 스티치(플라이 스티치)
#8 369

## 4쪽 *c* 딸기

1. 백 스티치로 테두리를 만든다.

2. 시작코　7코
　1~2단　한 코씩 늘림
　3~6단　한 코씩 줄임

3. 솜을 넣고 5코를 3코로 막는다.

4. 딸기의 깨를 스트레이트 스티치로
　천까지 통과시켜 수놓는다.

5. 꼭지를 스트레이트 스티치로 수놓
　는다.

**실물 크기 백 스티치**

3코
6단
#8 321
종료
시작 6코
6단
시작
7코
6단
3코
종료
6단
7코

**실물 크기 도안**

스트레이트 스티치
#8 3347

솜을 넣음

버튼홀 스티치
#8 321

스트레이트 스티치
#8 3348

## 5쪽 *d* 서양배

1. 백 스티치로 테두리를 만든다.
2. 시작코  5코
   - 1～7단  한 코씩 늘림
   - 8단  늘림 및 줄임 없음
   - 9～11단  한 코씩 줄임
3. 펠트를 넣고 그 밑에 솜을 채워 막는다.
4. 줄기를 백 스티치로 수놓고 실만을 떠서 버튼홀 스티치한다.
5. 나뭇잎을 레이즈드 리프 스티치로 수놓는다.

**실물 크기 백 스티치**

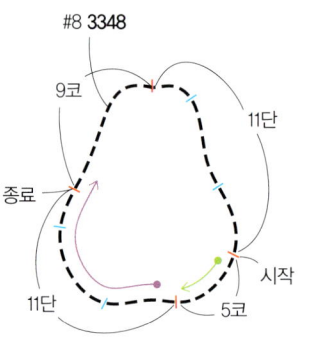

#8 3348
9코
11단
종료
11단
5코
시작

**실물 크기 도안**

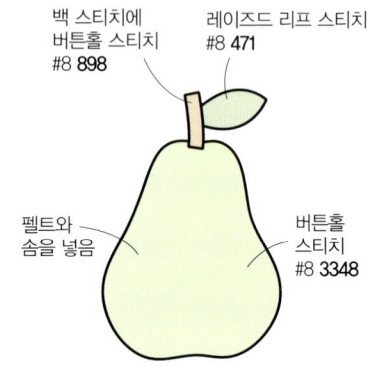

백 스티치에 버튼홀 스티치 #8 898
레이즈드 리프 스티치 #8 471
펠트와 솜을 넣음
버튼홀 스티치 #8 3348

---

## 4쪽 *e* 사과

1. 백 스티치로 테두리를 만든다.
2. 시작코  6코
   - 1～4단  한 코씩 늘림
   - 5단  늘림 및 줄임 없음
   - 6단  한 코 줄임
   - 7단  늘림 및 줄임 없음
   - 8단  한 코 늘림
   - 9～12단  한 코씩 줄임
3. 펠트를 넣고 그 밑에 솜을 채워 막는다.
4. 줄기를 백 스티치로 수놓고, 실만을 떠서 버튼홀 스티치한다.
5. 잎을 레이즈드 리프 스티치로 수놓는다.

**실물 크기 백 스티치**

12단
#8 304
시작
6코
6코
종료
12단

**실물 크기 도안**

레이즈드 리프 스티치 #8 3346
백 스티치에 버튼홀 스티치 #8 898
버튼홀 스티치 #8 304
펠트와 솜을 넣음

---

## 4쪽 *f* 파인애플

1. 백 스티치로 테두리를 만든다.
2. 백 스티치의 ☆위치는 실 색깔을 바꿔 수놓는다.
   - 시작코  4코
   - 1～4단  한 코씩 늘림
   - 5～7단  늘림 및 줄임 없음
   - 8～11단  한 코씩 줄임
3. 펠트를 넣고 그 밑에 솜을 채워 막는다.
4. 격자 모양이 되도록 베이지 실 밑으로 통과시킨다.
5. 잎을 아웃라인 스티치로 수놓는다.
6. 위쪽 잎 3장을 레이즈드 리프 스티치로 수놓는다.

**실물 크기 백 스티치**

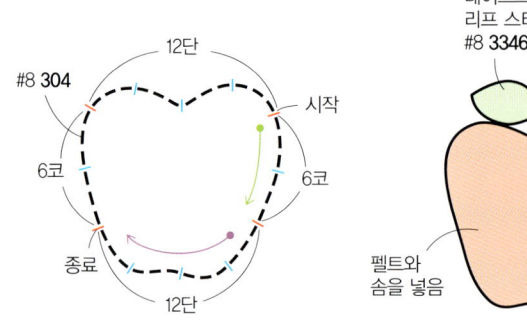

#8 972
시작
4코
11단
☆
☆
11단
4코
☆
종료
☆
※☆표시의 단은 색깔을 바꿔 수놓음
#8 782

**실물 크기 도안**

레이즈드 리프 스티치 #8 906
아웃라인 스티치 #8 904
펠트와 솜을 넣음
실을 걸쳐서 격자 모양으로 함 #8 782(2)
버튼홀 스티치 #8 972

## 5쪽 *g* 체리

1. 백 스티치로 테두리를 만든다.
2. 시작코  4코
    1~3단    한 코씩 늘림
    4~6단    한 코씩 줄임
3. 솜을 넣어 막는다.
4. 줄기를 백 스티치로 수놓는다.
5. 잎을 레이즈드 리프 스티치로 수놓는다.

**실물 크기 백 스티치**

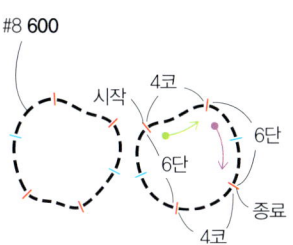

**실물 크기 도안**

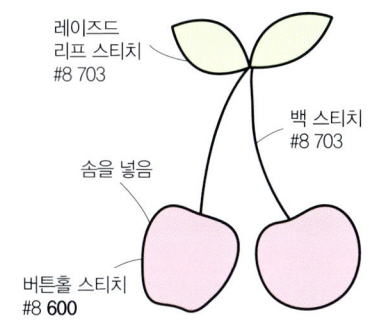

---

## 5쪽 *h* 자두

1. 백 스티치로 테두리를 만든다.
2. 시작코    5코
    1~3단    한 코씩 늘림
    4~6단    한 코씩 줄임
3. 솜을 넣고 막는다.
4. 줄기를 백 스티치로 수놓는다.
5. 잎을 새틴 스티치로 수놓는다.

**실물 크기 백 스티치**

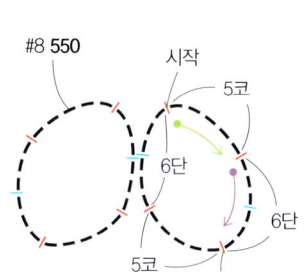

**실물 크기 도안**

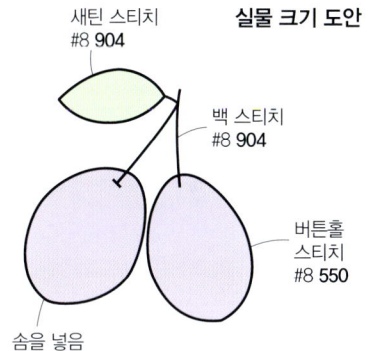

---

## 5쪽 *i* 파파야

1. 백 스티치로 테두리를 만든다.
2. 시작코    12코
    ① 시작    첫째 단 한 코 늘림(주황색)
    색깔을 바꿈
    2~4단    한 코씩 늘림(노란색)   16코
3. 5~8단    늘림 및 줄임 없이 열매 아랫부분을 수놓는다.   4코
    ① 종료에서 실을 마무리한다.
4. ② 위치에서 실을 빼내 8코를 감침질하여 씨앗 부분을 막는다.

② 시작 위치까지 실을 걸치기한 후 넷째 단까지 열매 윗부분을 수놓는다.
    4코    4단    늘림 및 줄임 없음
    ② 종료에서 실을 마무리한다.
5. ③ 위치에서 실을 빼내 ③ 시작 위치로 실을 건넨다.
    9단    14코
    10~12단    한 코씩 줄임
    도중에 솜을 채워 넣고 10코로 막는다.
6. 씨앗으로 삼을 비즈를 꿰매 붙인다.

**실물 크기 백 스티치**

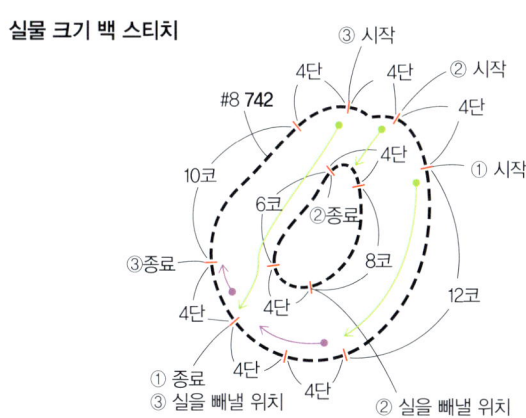

**실물 크기 도안**

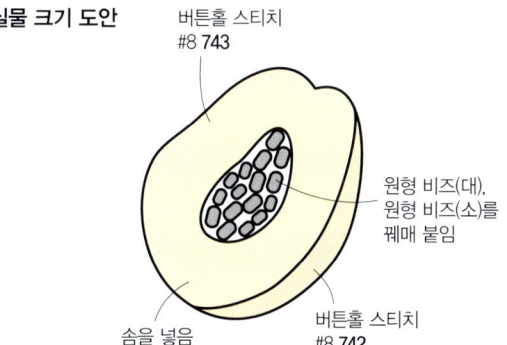

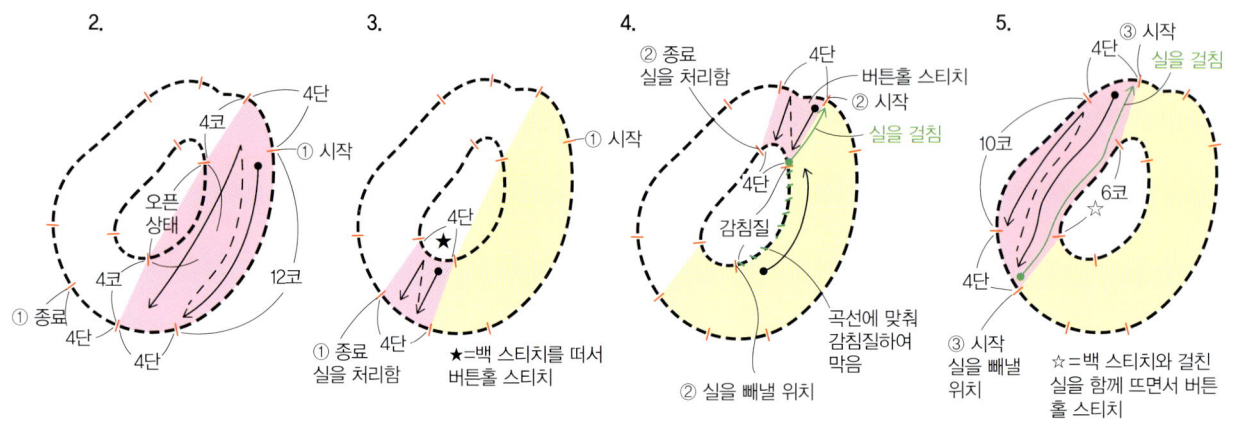

2.

4단
4코
4단
① 시작
오픈
상태
① 종료
4코
4단
4단
12코

3.

4단
① 시작
★
① 종료
4단
실을 처리함
★=백 스티치를 떠서
버튼홀 스티치

4.

② 종료
실을 처리함
4단
버튼홀 스티치
② 시작
실을 걸침
4단
감침질
② 실을 빼낼 위치
곡선에 맞춰
감침질하여
막음

5.

4단
③ 시작
실을 걸침
10코
6코
☆
4단
③ 시작
실을 빼낼
위치
☆=백 스티치와 걸친
실을 함께 뜨면서 버튼
홀 스티치

---

# 6쪽 *a* 콜리플라워

1. 한 바퀴 28코의 백 스티치로 테두리를 만든다.
2. 1～4바퀴　늘림 및 줄임 없이 버튼홀 스티치를 한다.
3. 솜을 넣는다.
4. 5～9바퀴　두 코 수놓고 한 코 거르기를 반복하여 코 수를 줄인다.

   코가 없어지면 막아서 마무리한다.
5. 경계 부분을 백 스티치로 수놓아 구분한다.
6. 잎의 백 스티치를 떠서 버튼홀 스티치를 한다.

   한 코씩 줄이면서 잎 선단 방향으로 5단을 수놓는다.
7. 잎 선단을 잎 밑동으로 접어 넣어 꿰매 붙인 후 뒤집은 상태로 만든다.

**실물 크기 백 스티치**

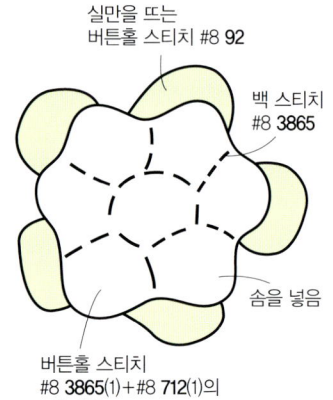

#8 92
#8 3865
5코
28코
잎 5단

**실물 크기 도안**

실만을 뜨는
버튼홀 스티치 #8 92
백 스티치
#8 3865
솜을 넣음
버튼홀 스티치
#8 **3865**(1)+#8 **712**(1)의
2올 사용

---

# 6쪽 *b* 순무

1. 백 스티치로 테두리를 만든다.
2. 시작코　3코

   1～5단　한 코씩 늘림

   6단　　늘림 및 줄임 없음

   7～10단　한 코씩 줄임
3. 솜을 넣고 막는다.
4. 선단 백 스티치의 3코에만 버튼홀 스티치를 한다.
5. 잎을 만든다.

   줄기의 백 스티치를 떠서 버튼홀 스티치를 한다.

   1단　백 스티치의 실만을 떠서 왕복한다.

   2단　한 코에 한 코, 한 코에 두 코를 버튼홀 스티치로 수놓아 코 수를 늘린다.

   (사진 참조)

**실물 크기 백 스티치**

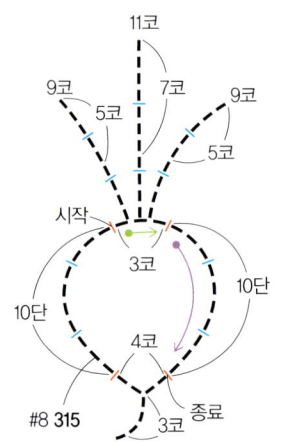

11코
9코
5코
7코
9코
5코
시작
3코
10단
10단
4코
#8 **315**
3코 종료

**실물 크기 도안**

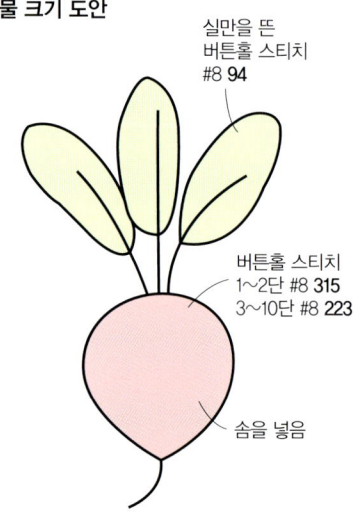

실만을 뜬
버튼홀 스티치
#8 **94**
버튼홀 스티치
1～2단 #8 **315**
3～10단 #8 **223**
솜을 넣음

## 🌸 순무 잎 만드는 방법

*1* 줄기의 백 스티치를 5코 떠서 밑동에서부터 잎의 끝부분을 향해 버튼홀 스티치를 합니다.

*2* 백 스티치를 다시 뜨면서 왕복하여 버튼홀 스티치로 되돌아옵니다. 첫째 단이 완성되었습니다.

*3* 둘째 단을 수놓습니다. 1단의 버튼홀 스티치의 실을 떠서 한 코에 한 코, 한 코에 두 코 수놓기를 반복하여 코 수를 늘려 갑니다.

*4* 잎이 완성되었습니다. 잎은 그러데이션 실을 사용하면 효과적입니다.

## 5쪽 *1~3* 냅킨

시판 냅킨(36cm 사 각형)에 수를 놓는다.
체리 자수 방법은 41쪽
서양배 자수 방법은 40쪽
자두 자수 방법은 41쪽

---

## 6쪽 *c* 배추

1. 좌우의 흰색 부분에서부터 시작한다.
   백 스티치로 테두리를 만든다.
2. 시작코      6코
   1~2단     늘림 및 줄임 없음
3. 좌우 펠트를 넣고 막는다.
4. 잎을 버튼홀 스티치로 왕복하여 만든다.
   첫째 단은 백 스티치의 실만을 떠서 버튼홀 스티치.
   2~3단은 버튼홀 스티치의 실만을 떠서 버튼홀 스티치.
   한 코에 한 코, 한 코에 두 코를 반복하여 코 수를 늘린다.
5. 중앙의 흰색 부분을 만든다.
   시작코      8코
   1~3단     한 코씩 늘림
   4~6단     한 코씩 줄임
6. 펠트를 넣고 막는다.
7. 중앙의 잎을 버튼홀 스티치로 왕복하여 만든다.
   첫째 단은 백 스티치의 실만을 떠서 버튼홀 스티치.
   2~5단은 버튼홀 스티치의 실만으로 떠서 버튼홀 스티치.
   한 코에 한 코, 한 코에 두 코를 반복하여 코 수를 늘린다.
   6~7단은 선단에만 수를 놓는다.
8. 잎 위에서부터 백 스티치로 잎맥을 수놓는다.

**실물 크기 백 스티치**

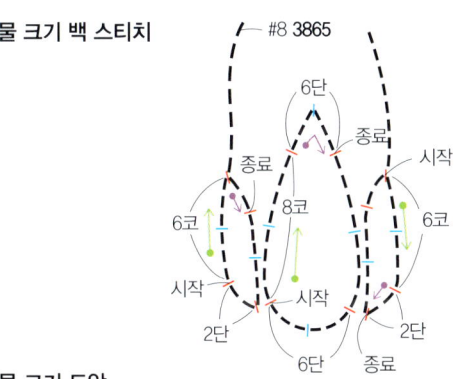

**실물 크기 도안**

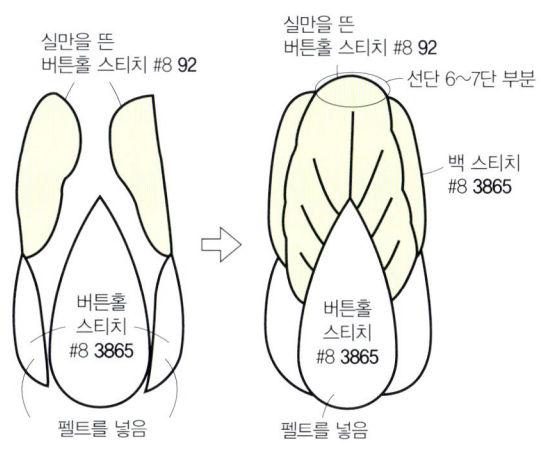

## 6쪽 *d* 가지

1. 백 스티치로 테두리를 만든다.
2. 시작코　9코
   1~5단　한 코씩 늘림
   6단　늘림 및 줄임 없음
   7~11단　한 코씩 줄임
3. 솜을 넣고 막는다.
4. 가지 꼭지를 레이즈드 리프 스티치로 수놓는다.
5. 줄기를 새틴 스티치로 수놓는다.

**실물 크기 백 스티치**

11단
9코
9코
종료
시작
#8
550
11단

**실물 크기 도안**

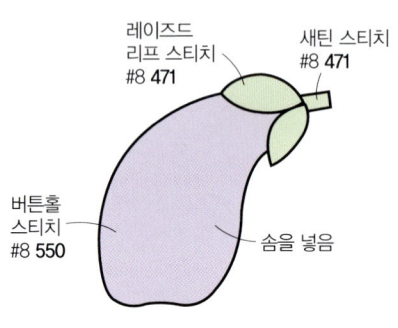

레이즈드 리프 스티치 #8 471
새틴 스티치 #8 471
버튼홀 스티치 #8 550
솜을 넣음

---

## 6쪽 *e* 상추

1. 백 스티치로 줄기를 5개 만든다.
2. 중심의 줄기에서 잎을 만든다.
   첫째 단 a에서부터 백 스티치로 실만을 떠서 선단까지 버튼홀 스티치를 한다.
   백 스티치를 다시 한번 떠서 버튼홀 스티치로 a까지 되돌아간다.
   2~4단　실만을 뜨는 버튼홀 스티치로 왕복한다.
   한 코에 한 코, 한 코에 두 코 수놓기를 반복하여 코 수를 늘린다.
   5~6단　선단까지 한 코에 한 코 버튼홀 스티치(보라색)
   마찬가지로 잎을 5장 만든다.
3. 잎 밑동에 아웃트라인 스티치를 수놓는다.

잎 6단

**실물 크기 백 스티치**

**실물 크기 도안**

12코
11코
11코
11코
10코
a
4코 남김
#8 3448

실만을 뜨는 버튼홀 스티치
6단 #8 315
5단 #8 223
1~4단 #8 92
아웃트라인 스티치 #8 ECRU

---

## 6쪽 *f* 왕방울토마토

1. 한 바퀴 16코의 백 스티치로 테두리를 만든다.
2. 1~4바퀴　늘림 및 줄임 없이 버튼홀 스티치한다.
3. 솜을 넣는다.
4. 5~8바퀴　두 코 수놓고 한 코 거르기를 반복하여 코 수를 줄인다.
   코가 없어지면 막아서 마무리한다.
5. 토마토 꼭지를 스트레이트 스티치로 수놓는다.
6. 줄기는 실을 걸치기한 후 휘감아 만든다.
   1　A~B를 왕복하여 실을 건넨다.
   2　A에서 C까지 감는다.
   3　토마토 꼭지까지 실을 건넨 후 감으면서 C까지 되돌아온다.
   4　마찬가지로 DEF를 감아서 줄기를 만든다.

**실물 크기 백 스티치**

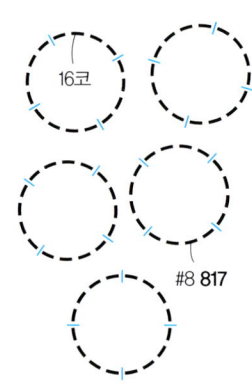

16코
#8 817

**실물 크기 도안**

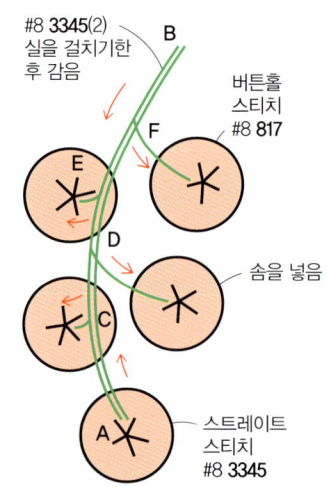

#8 3345(2) 실을 걸치기한 후 감음
B
버튼홀 스티치 #8 817
F
E
D
C
A
솜을 넣음
스트레이트 스티치 #8 3345

## 6쪽 *g* 고구마

1. 백 스티치로 테두리를 만든다.
2. 시작코   8코
   1~2단   한 코씩 늘림
   3~4단   한 코씩 줄임
3. 솜을 넣고 막는다.
4. 고구마에 스미르나 스티치를 1회 수놓아 자수실 한 가닥은 길게 남기고 다른 한 가닥은 잘라낸다.
5. 고구마 덩굴을 백 스티치로 수놓고 잎을 레이즈드 리프 스티치로 수놓는다.

**실물 크기 백 스티치**

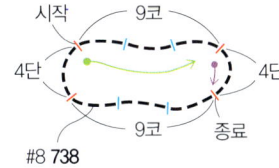

8코
4단
시작
4단
8코
#8 814
종료
종료
시작

**실물 크기 도안**

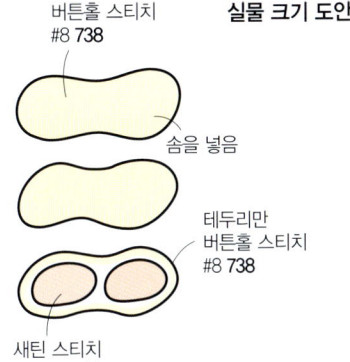

버튼홀 스티치
#8 814

백 스티치
#8 937

레이즈드 리프 스티치
#8 937

솜을 넣음

스미르나 스티치
#25 315(1)

---

## 6쪽 *h* 땅콩

1. 백 스티치로 테두리를 만든다.
2. 시작코   9코
   1~2단   한 코씩 늘림
   3~4단   한 코씩 줄임
3. 솜을 넣고 막는다.
4. 알맹이가 보이는 땅콩은 테두리의 백 스티치에 버튼홀 스티치를 한 바퀴 수놓는다.
5. 땅콩 알맹이를 새틴 스티치로 수놓는다.

**실물 크기 백 스티치**

시작   9코
4단   4단
#8 738
9코   종료

**실물 크기 도안**

버튼홀 스티치
#8 738

솜을 넣음

테두리만
버튼홀 스티치
#8 738

새틴 스티치
#25 3778(3)

---

## 6쪽 *i* 브로콜리

1. 백 스티치로 각각의 테두리를 만든다.
2. 열매를 만든다.
   백 스티치의 실만을 떠서 버튼홀 스티치로 세 바퀴 수놓는다.
3. 솜을 넣는다.
4. 두 코 수놓고 한 코 거르기를 반복하여 코 수를 줄여서 막는다.
5. 왼쪽 줄기를 만든다.
   시작코   5코
   1단   늘림 및 줄임 없음
   아무것도 넣지 않고 막는다.
6. 오른쪽 줄기를 만든다.
   시작코   5코
   1~3단   늘림 및 줄임 없음
   아무것도 넣지 않고 막는다.
7. 작은 송이의 줄기를 만든다.
   시작코   3코
   1~2단   늘림 및 줄임 없음
   아무것도 넣지 않고 막는다.

**실물 크기 백 스티치**

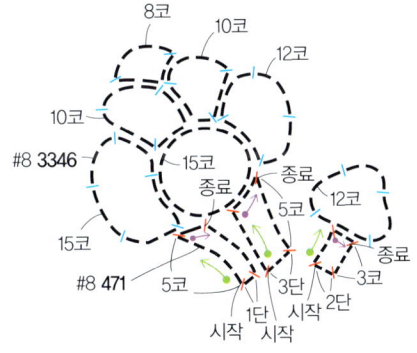

8코   10코   12코
10코
#8 3346
15코   종료   종료
15코   5코   12코   종료
#8 471   5코   3단   2단
1단   시작
시작   시작

**실물 크기 도안**

버튼홀 스티치
#8 3346 + #25 989(1)

솜을 넣음

#8 471

## 7쪽 4 쇼핑백(장바구니)

**재료(1개분)**

겉감(마) 너비 70cm×길이 80cm

8번 자수실 필요한 만큼

솜, 펠트 필요한 만큼

채소를 수놓는 방법은 52~55쪽

**주머니감(겉감) 1장**

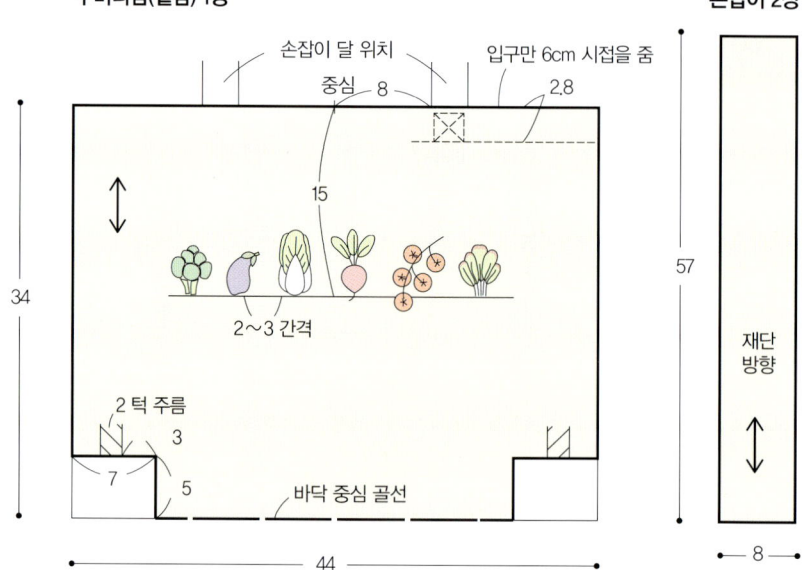

**손잡이 2장**

1. 천에 수를 놓는다.
2. 손잡이를 접어 꿰맨다.
   2개 만듦
3. 주머니감(겉감)의 옆솔기를 꿰맨다.
4. 밑면 모서리 부분의 턱 주름을 잡아 꿰맨다.
5. 주머니감(겉감) 입구 쪽 시접을 접고 손잡이를 넣어 꿰맨다.

※둘레에 1cm의 시접, 입구에 6cm의 시접을 주어 재단한다.

**2.**

**3.**

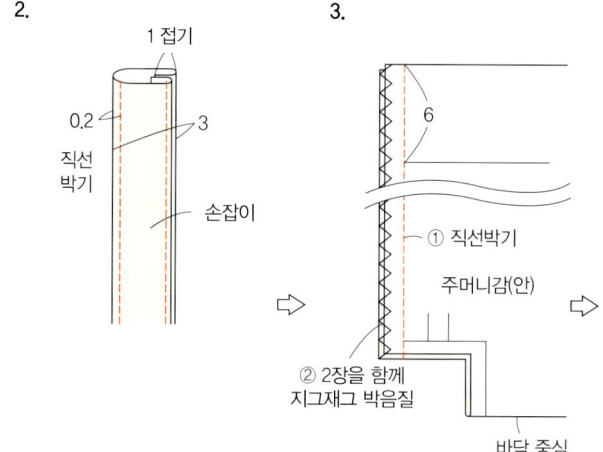

**4.**

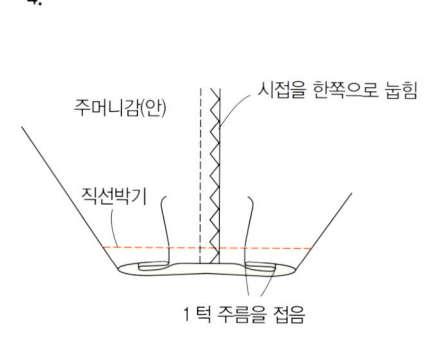

**5.**

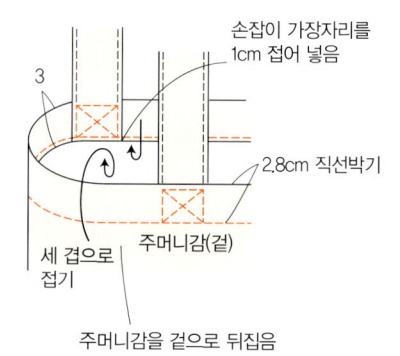

## 7쪽 5 참

**재료(1개분)**

겉감(마) 너비 15cm×길이 30cm

8번 자수실 738

25번 자수실 3778

1. 천에 수를 놓는다.

   백 스티치로 테두리를 만든다.

   시작코      9코

   1~3단      한 코씩 늘림

   4~6단      한 코씩 줄임

   솜을 넣고 막는다.

2. 시접을 남기고 둘레의 천을 잘라낸다.

   이것을 2장 만든다.

3. 50cm의 8번 자수실을 고리 형태로 하여 꼰실을 만든다(40쪽 참조).

4. 시접을 접어서 2개를 맞댄다.

5. 꼰실을 끼우고 감침질하여 막는다.

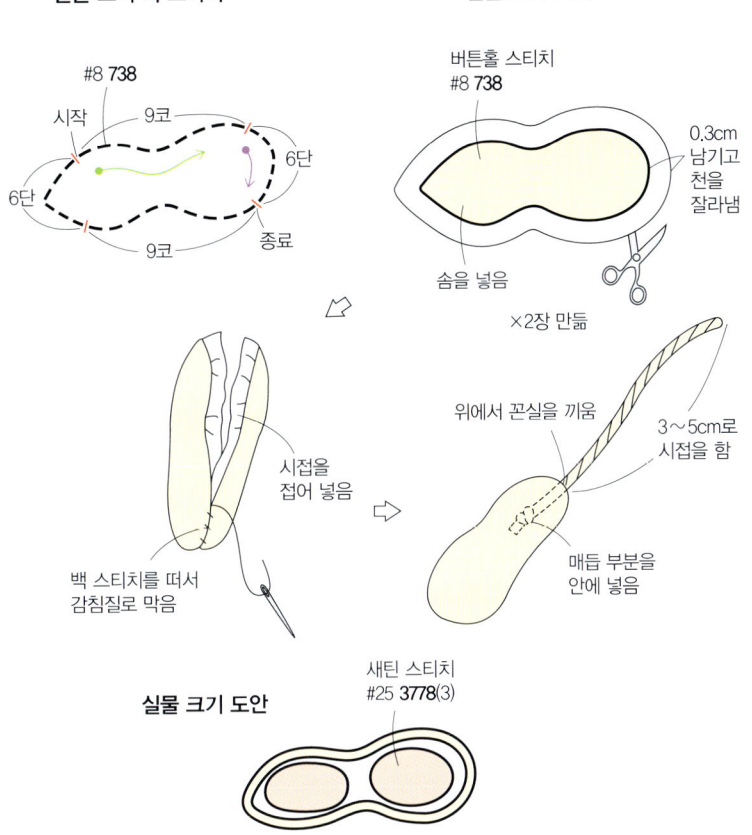

**실물 크기 백 스티치**

#8 738
시작
9코
6단      6단
9코      종료

**실물 크기 도안**

버튼홀 스티치
#8 738

0.3cm 남기고 천을 잘라냄

솜을 넣음

×2장 만듦

위에서 꼰실을 끼움

3~5cm로 시접을 함

매듭 부분을 안에 넣음

시접을 접어 넣음

백 스티치를 떠서 감침질로 막음

**실물 크기 도안**

새틴 스티치
#25 3778(3)

---

## 8쪽 *a* 몽블랑 케이크

1. 백 스티치로 테두리를 만든다.

2. 타르트를 만든다.

   시작코      9코

   1~2단      늘림 및 줄임 없음(갈색)

   색을 바꾼다.

   3단         늘림 및 줄임 없음(옅은 갈색)

   펠트를 넣고 막는다.

3. 꼰실로 밤 크림을 만들어 꿰매 붙인다(40쪽 참조).

4. 마찬가지로 꼰실을 사용해 생크림을 만든다.

5. 밤을 만든다.

   시작코      2코

   1~3단      한 코씩 늘림

   좌우 대칭으로 수를 놓고 솜을 채워 가운데를 막는다.

**실물 크기 백 스티치**

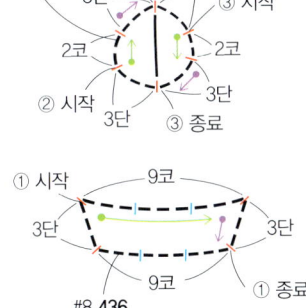

#8 676
3단
2코      2코
② 시작
3단      3단
② 종료
③ 시작
③ 종료

① 시작
9코
3단      3단
9코
① 종료
#8 436

**실물 크기 도안**

밤/
버튼홀 스티치
#8 676

솜을 넣고 중앙을 감침질하여 막음

#8 3865
꼰실(1m×2올을 사용해 8cm로 만듦)을 감아서 꿰매 붙임

#8 841
(1.2m×5올을 사용해 14cm로 만듦)을 감아서 꿰매 붙임

#8 436

버튼홀 스티치 #8 437

펠트를 넣음

# 8쪽 *b* 이스파한 케이크

1. 케이크와 라즈베리를 색을 바꿔 백 스티치로 테두리를 만든다.
2. 상단 케이크를 만든다.
   시작코    6코
   1~4단    한 코씩 늘림
   5~8단    한 코씩 줄임
   펠트를 2장 넣고 막는다.
3. 하단 케이크를 만든다.
   시작코    12코
   1~2단    늘림 및 줄임 없음
   솜을 넣고 막는다.
4. 라즈베리를 만든다.
   1~2바퀴    늘림 및 줄임 없음
   3~4바퀴    두 코 놓고 한 코 거르기를
              반복하여 코 수를 줄이고 펠트를 넣어서 막는다.
5. 케이크 위의 라즈베리를 만들어 꿰매 붙인다(58쪽 참조).
6. 라즈베리에 비즈를 꿰매 붙인다.

**실물 크기 백 스티치**

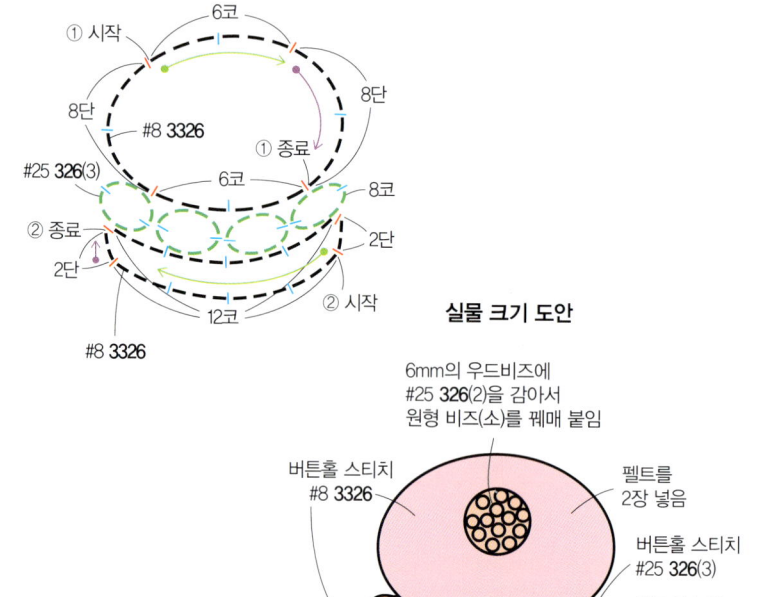

**실물 크기 도안**

6mm의 우드비즈에
#25 326(2)을 감아서
원형 비즈(소)를 꿰매 붙임

버튼홀 스티치
#8 3326

펠트를
2장 넣음

버튼홀 스티치
#25 326(3)

펠트를 넣음

원형 비즈(소)를
꿰매 붙임

솜을 넣음

---

# 8쪽 *c* 라즈베리 컵케이크

1. 백 스티치로 테두리를 만든다.
2. 컵을 만든다.
   시작코    6코
   1단마다 색을 바꿔 수놓는다.
   1~9단    늘림 및 줄임 없음
   펠트를 넣고 막는다.
3. 크림을 만든다.
   꼰실을 만들어 천에 꿰매 붙인다.
   (40쪽 참조)
4. 비즈를 천까지 떠서 꿰매 붙여 꼰실을 고정한다.
5. 우드비즈로 라즈베리를 만들어 꿰매 붙인다.

**실물 크기 백 스티치**

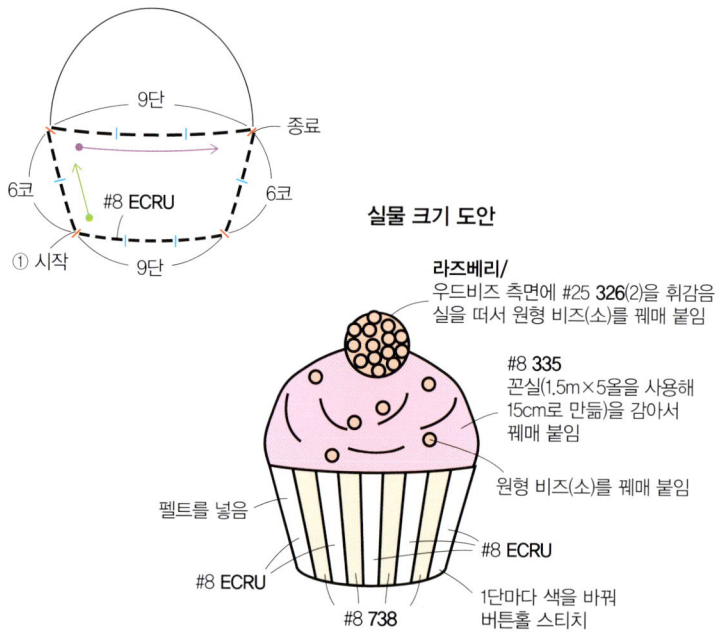

**실물 크기 도안**

라즈베리/
우드비즈 측면에 #25 326(2)을 휘감음
실을 떠서 원형 비즈(소)를 꿰매 붙임

#8 335
꼰실(1.5m×5올을 사용해
15cm로 만듦)을 감아서
꿰매 붙임

원형 비즈(소)를 꿰매 붙임

펠트를 넣음

#8 ECRU

#8 ECRU

#8 738

1단마다 색을 바꿔
버튼홀 스티치

## 8쪽 *d* 초콜릿 컵케이크

1. 백 스티치로 테두리를 만든다.
2. 컵을 만든다.

   1단마다 색깔을 바꿔 수놓는다.

   시작코　　6코

   1~9단　　늘림 및 줄임 없음

   펠트를 넣고 막는다.
3. 케이크를 만든다.

   시작코　　5코

   1~8단　　한 코씩 늘림

   펠트를 넣고 밑단 부분을 곡선 형태로 막는다.
4. 꼰실로 크림을 만들어 꿰매 붙인다(40쪽 참조).
5. 우드비즈로 체리를 만들어 꿰매 붙인다.

**실물 크기 백 스티치**

**실물 크기 도안**

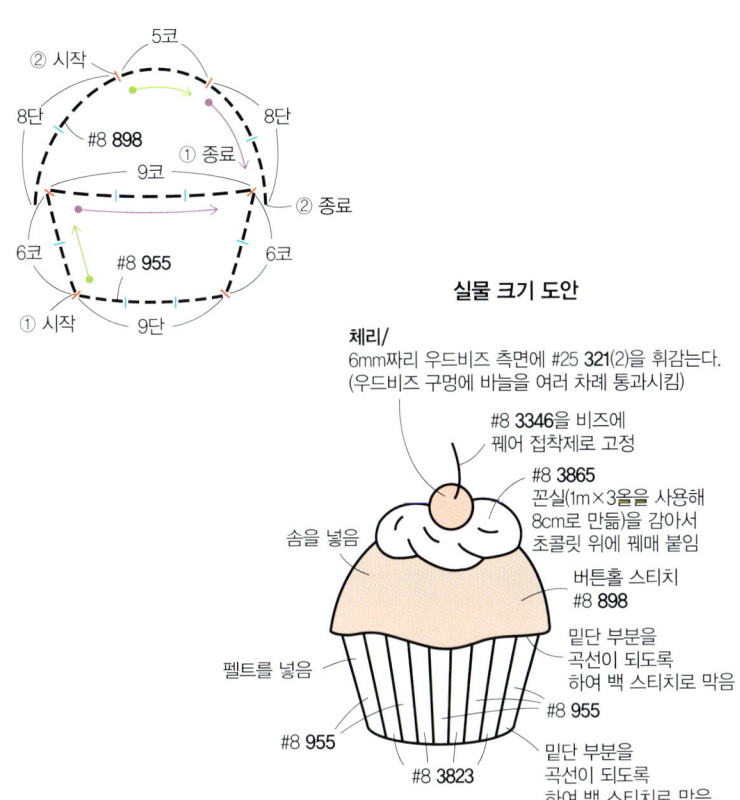

체리/
6mm짜리 우드비즈 측면에 #25 321(2)을 휘감는다.
(우드비즈 구멍에 바늘을 여러 차례 통과시킴)

#8 3346을 비즈에 꿰어 접착제로 고정

#8 3865
꼰실(1m×3올을 사용해 8cm로 만듦)을 감아서 초콜릿 위에 꿰매 붙임

버튼홀 스티치
#8 898

밑단 부분을 곡선이 되도록 하여 백 스티치로 막음

#8 955

솜을 넣음

펠트를 넣음

#8 955

#8 3823

밑단 부분을 곡선이 되도록 하여 백 스티치로 막음

---

## 8쪽 *e* 블루베리 컵케이크

1~4. 라즈베리 컵케이크와 같은 방법으로 만든다.
5. 우드비즈로 블루베리를 만들어 꿰매 붙인다.

**실물 크기 백 스티치**

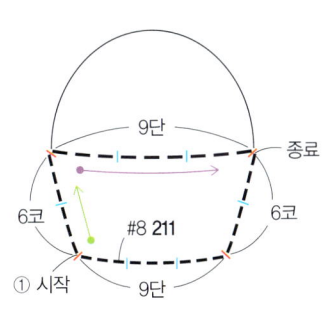

**실물 크기 도안**

버튼홀 스티치

블루베리/
6mm의 우드비즈 측면에 #25 3834(2)를 감음
위에 한 바퀴 버튼홀 스티치를 함

#8 553
꼰실(1.5m×5올을 사용해 15cm로 만듦)을 감아서 꿰매 붙임

원형 비즈(대)를 꿰매 붙임

펠트를 넣음

#8 211

#8 211

1단마다 색을 바꿔 버튼홀 스티치

#8 842

# 8쪽 *f* 블루베리 타르트

1. 타르트, 크림, 블루베리의 색깔을 바꿔 백 스티치로 테두리를 만든다.
2. 타르트의 토대를 만든다.
   시작코    16코
   1단마다 색을 바꿔 수놓는다.
   1~3단    늘림 및 줄임 없음
   펠트를 넣고 막는다.
3. 타르트의 테두리를 만든다.
   안쪽(옅은 갈색) 백 스티치 12코
   실만을 떠서 1단 버튼홀 스티치
   바깥쪽(갈색) 백 스티치 14코
   실만을 떠서 2단 버튼홀 스티치
4. 크림을 만든다.
   시작코    12코
   1~2단    늘림 및 줄임 없음
   3~7단    한 코씩 줄임
   8~9단    늘림 및 줄임 없음
   펠트를 넣고 막는다.
5. 우드비즈를 꿰매 붙인다.

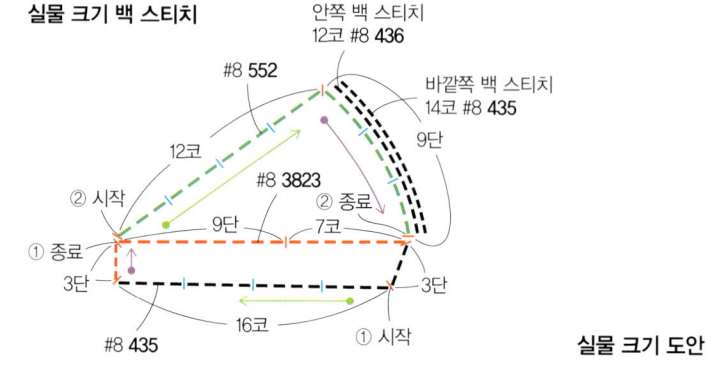

실물 크기 백 스티치

실물 크기 도안

우드비즈(6mm, 보라색)를 꿰매 붙임

버튼홀 스티치 #8 552

펠트를 넣음

#8 435 (1단)    #8 436 (2단)    #8 3823 (3단)

---

# 8쪽 *g* 애플 타르트

1. 타르트와 크림의 색을 바꿔 백 스티치로 테두리를 만든다.
2. 타르트의 토대를 만든다.
   시작코    16코
   1단    늘림 및 줄임 없음(옅은 갈색)
   2~3단    늘림 및 줄임 없음(크림색)
   펠트를 넣고 막는다.
3. 타르트의 테두리를 만든다.
   시작코    12코
   1~4단    늘림 및 줄임 없음
   펠트를 넣고 막는다.
   틈새를 스트레이트 스티치로 수놓는다.
4. 크림을 만든다.
   시작코    12코
   1~9단    한 코씩 줄임
   펠트를 넣고 막는다.
5. 사과를 만든다.
   실을 건넨 후 실만을 떠서 버튼홀 스티치를 한다.
   1~2단    늘림 및 줄임 없음(주황색)
   3단    늘림 및 줄임 없음(빨간색)

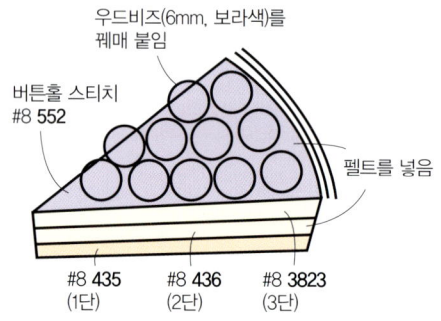

실물 크기 백 스티치

2코
3코
4코
3단째의 빨간색

위에 사과를 3단씩 수놓음

크림 부분

사과 3단    ×6개

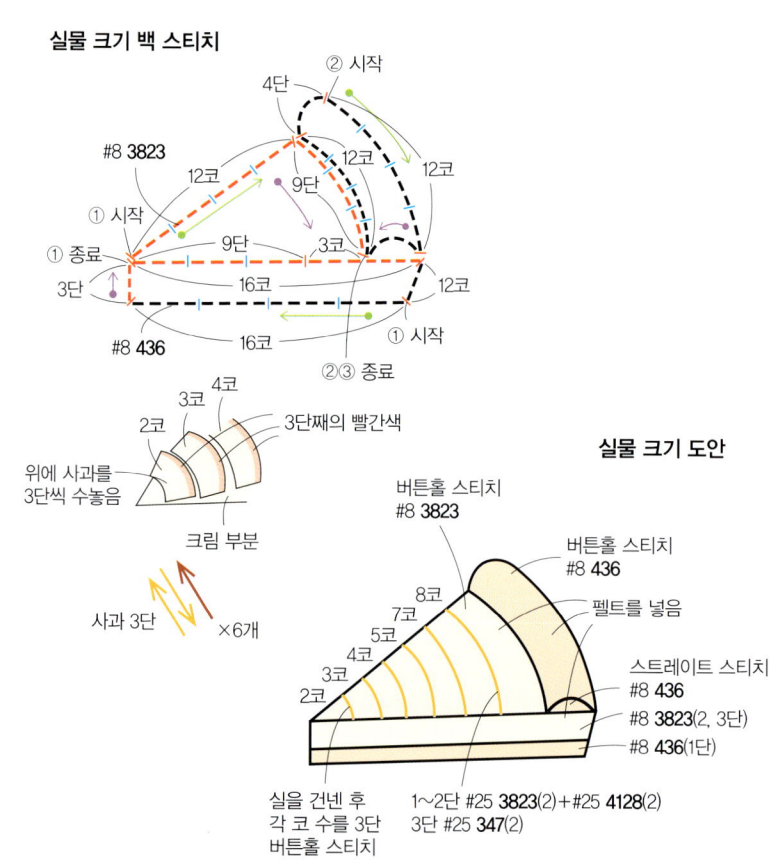

실물 크기 도안

버튼홀 스티치 #8 3823

버튼홀 스티치 #8 436

펠트를 넣음

8코
7코
5코
4코
3코
2코

스트레이트 스티치 #8 436

#8 3823(2, 3단)

#8 436(1단)

실을 건넨 후 각 코 수를 3단 버튼홀 스티치

1~2단 #25 3823(2)＋#25 4128(2)
3단 #25 347(2)

# 8쪽 *b* 자허토르테

1. 백 스티치로 테두리를 만든다.
2. 측면을 만든다.

   시작코　　16코

   1~3단　　늘림 및 줄임 없음(갈색)

   색을 바꾼다.

   4단　　　늘림 및 줄임 없음(짙은 갈색)

   5~7단　　늘림 및 줄임 없음(갈색)

   펠트를 넣고 막는다.
3. 윗면을 만든다.

   시작코　　12코

   1~2단　　늘림 및 줄임 없음

   3~7단　　한 코씩 줄임

   8~9단　　늘림 및 줄임 없음

   펠트를 넣고 막는다.
4. 크림을 만든다.

   꼰실을 만들어 감으면서

   케이크에 꿰매 붙인다(40쪽 참조).

**실물 크기 백 스티치**

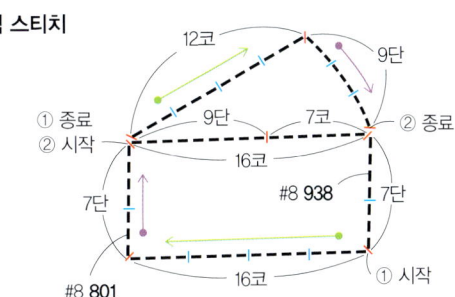

**실물 크기 도안**

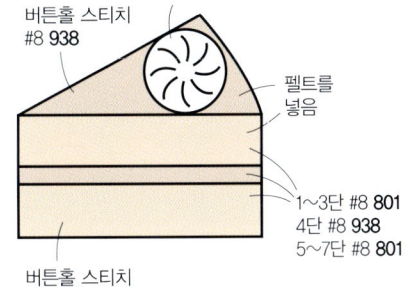

# 9쪽 *6* 컵케이크 모양의 참

펠트를 감아 토대를 만들고 꼰실을 꿰매 붙여 입체 컵케이크를 만듭니다.

**재료**

펠트(베이지) 폭 1.5cm × 길이 32cm

8번 자수실(분홍색/크림용) **760**

8번 자수실(베이지/토대용) **437**

비즈 필요한 만큼

※이해하기 쉽도록 다른 색깔의 실과 솜을 사용하고 있습니다.

*1*　펠트를 폭 1.5cm 길이 32cm로 자릅니다. 20cm짜리 펠트를 사용할 때는 적절히 이어서 사용하세요.

*2*　가장자리에서부터 단단히 말아 지름 2cm가 되게 한 후 꿰매 붙입니다. 펠트를 2장 뜨면서 한 바퀴 20코로 버튼홀 스티치의 시작코를 만듭니다.

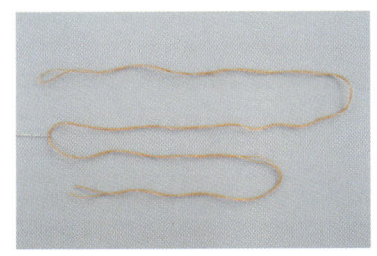

*3*　1m의 자수실을 절반으로 접어 2올의 실 끝을 잡고 바늘에 꿰입니다.

*4*　버튼홀 스티치에 바늘을 넣고 고리 상태가 된 자수실에 바늘을 넣어 잡아 뺀 후 걸어서 고정합니다.

5 펠트를 감싼 버튼홀 스티치를 떠서 버튼홀 스티치를 합니다.

6 한 바퀴 버튼홀 스티치가 끝나면 시작한 부분에 바늘을 넣어 나선형으로 진행해 갑니다.

7 실이 짧아지면 버튼홀 스티치한 바늘을 펠트 뒤쪽으로 넣습니다.

8 감은 단면으로 바늘을 빼낸 다음 또 반대쪽 단면으로 바늘을 빼내 실을 자릅니다.

9 새 실을 버튼홀 스티치에 넣습니다.

10 실 고리에 바늘을 넣어 잡아 뺀 후 걸어서 고정합니다.

11 펠트 가장자리까지 버튼홀 스티치를 하여 측면을 메웁니다.

12 위쪽은 단면을 덮어씌우듯이 다시 한 단을 수놓습니다.

13 자수를 마칠 때는 단면으로 바늘을 빼낸 다음 다시 반대쪽 단면으로 바늘을 빼냅니다.

14 실을 자릅니다. 이렇게 해서 컵케이크의 토대가 완성되었습니다.

15 크림을 만들기 위해 8번사로 1.5m의 자수실 6올로 고리 상태가 되도록 묶습니다. 65회 정도 실을 꼬아 가장자리를 묶어 25cm가 되게 합니다. 스트랩용 꼰실은 1.5m 1올을 120회 꼬아서 만듭니다.

16 토대 윗면에 크림용 꼰실의 매듭 부분을 꿰매 붙입니다.

*17* 바깥둘레에서부터 맞추면서 꿰매 붙
이세요. 바닥까지 바늘을 관통시킵
니다.

*18* 도중에 스트랩용 꼰실을 꿰매 붙입
니다.

*19* 위에 크림을 얹으면서 꿰매 붙입니다.

*20* 마지막은 꼰실의 고리 부분에 바늘
을 넣고 바닥까지 관통시킵니다.

*21* 매듭을 한 후 실을 자릅니다.

완성

*22* 비즈를 꿰매 붙입니다.

---

## **9쪽** *6* 컵케이크 모양의 참

만드는 방법은 61페이지와 같다.
참, 비즈를 각각 꿰매 붙인다.

참을 꿰매 붙임
비즈

갈색/ #8 898
민트색/ #8 955
크림색/ #8 3823
분홍색/ #8 760
흰색/ #8 3865

#8 437
#8 ECRU
(민트색만)

---

## **10쪽** *a~e* 마카롱

1. 백 스티치로 테두리를 만든다.
2. 마카롱 윗부분을 만든다.
    시작코    6코
    1~4단    한 코씩 늘림
    5~8단    한 코씩 줄임
3. 펠트를 넣고 그 밑에 솜을 채워 막는다.
4. 마카롱 아랫부분을 만든다.
    시작코    8코
    1~2단    한 코씩 늘림
5. 솜을 넣고 막는다.
6. 마카롱 크림을 체인 스티치로 수놓는다.

**실물 크기 백 스티치**

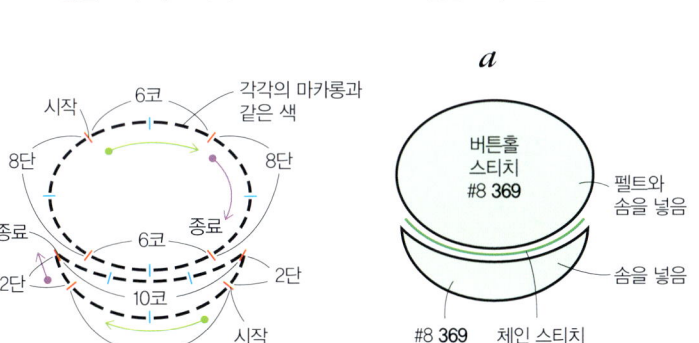

시작
6코
각각의 마카롱과
같은 색
8단
8단
종료
6코
종료
2단
2단
6코
10코
8코
시작

**실물 크기 도안**

*a*

버튼홀
스티치
#8 369

펠트와
솜을 넣음

솜을 넣음

#8 369
체인 스티치
#8 3865(2)

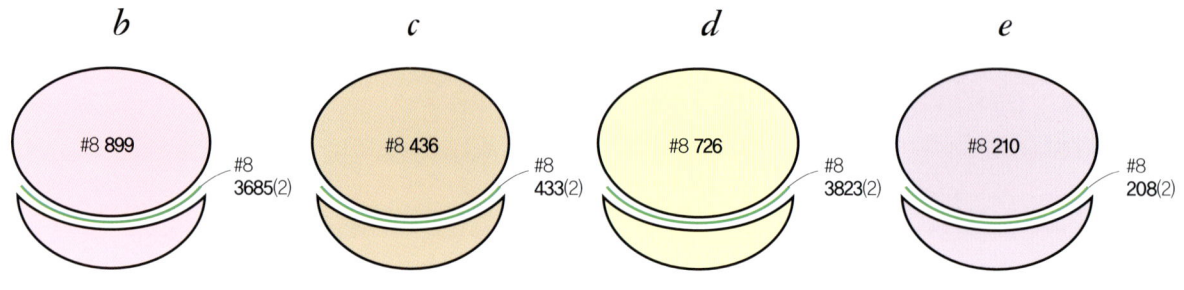

| b | c | d | e |
|---|---|---|---|
| #8 899 | #8 436 | #8 726 | #8 210 |
| #8 3685(2) | #8 433(2) | #8 3823(2) | #8 208(2) |

## 10쪽 *f~g* 사탕

1. 백 스티치로 테두리를 만든다.

2. 시작코　9코

　1~4단　늘림 및 줄임 없음

3. 펠트를 2장 넣고 막는다.

4. 포장지 가장자리를 가운데 두 코(★)를 떠서 만든다.

　1단　한 코에 두 코 버튼홀 스티치를 한다.

　2단　가장자리는 한 코에 한 코, 중앙 은 한 코에 두 코 버튼홀 스티치 를 한다.

　3단　한 코에 한 코, 한 코에 두 코를 수놓아 코 수를 늘린다.

**실물 크기 백 스티치**

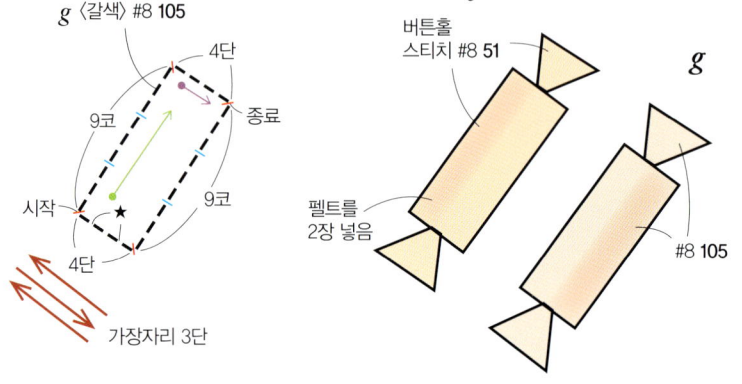

*f* 〈주황색〉 #8 51
*g* 〈갈색〉 #8 105

4단
9코
종료
시작
9코
★
4단
가장자리 3단

**실물 크기 도안**

*f*

버튼홀 스티치 #8 51

펠트를 2장 넣음

*g*

#8 105

## 10쪽 *b, i, j* 사탕

1. 튈과 오건디 리본을 겹쳐서 한데 묶어 천 에 올려놓는다.

2. 1 위에서 백 스티치로 테두리를 만든다. 매듭으로 충전물을 대신한다.

3. 시작코　3코

　1~3단　한 코씩 늘림

　4단　늘림 및 줄임 없음

　5~7단　한 코씩 줄임

4. 리본의 경계를 스트레이트 스티치로 수 놓는다.

**실물 크기 백 스티치**

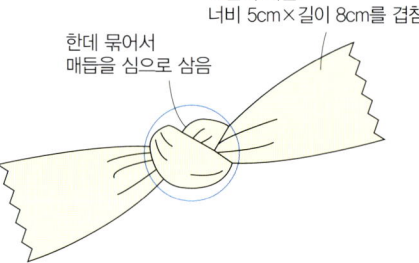

튈: 너비 5cm×길이 8cm
오건디 리본:
너비 5cm×길이 8cm를 겹침

한데 묶어서
매듭을 심으로 삼음

**실물 크기 도안**

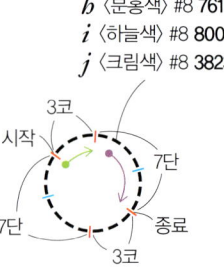

*b* 〈분홍색〉 #8 761
*i* 〈하늘색〉 #8 800
*j* 〈크림색〉 #8 3823

3코
시작
7단
7단
종료
3코

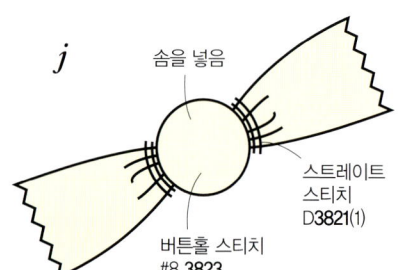

*j*
솜을 넣음
스트레이트 스티치 D3821(1)
버튼홀 스티치 #8 3823

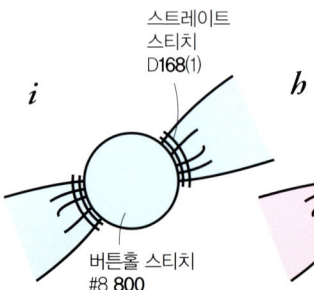

*i*
스트레이트 스티치 D168(1)
버튼홀 스티치 #8 800

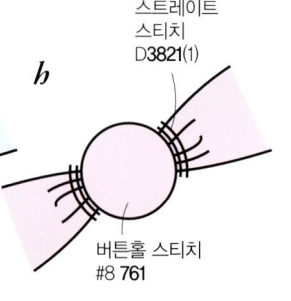

*b*
스트레이트 스티치 D3821(1)
버튼홀 스티치 #8 761

## 10쪽 *k, l* 사탕

1. 막대를 체인 스티치로 수놓고 실을 휘프 트 체인 스티치한다.
2. 틸 리본을 홈질줄임 하여 천에 꿰매 붙 인다.
3. 틸 리본 위에 백 스티치로 테두리를 만 든다.
4. 시작코    3코
   1단마다 색을 바꿔 수놓는다.
   1~4단    한 코씩 늘림
   5~7단    한 코씩 줄임
5. 솜을 넣어 막는다.

### 실물 크기 백 스티치

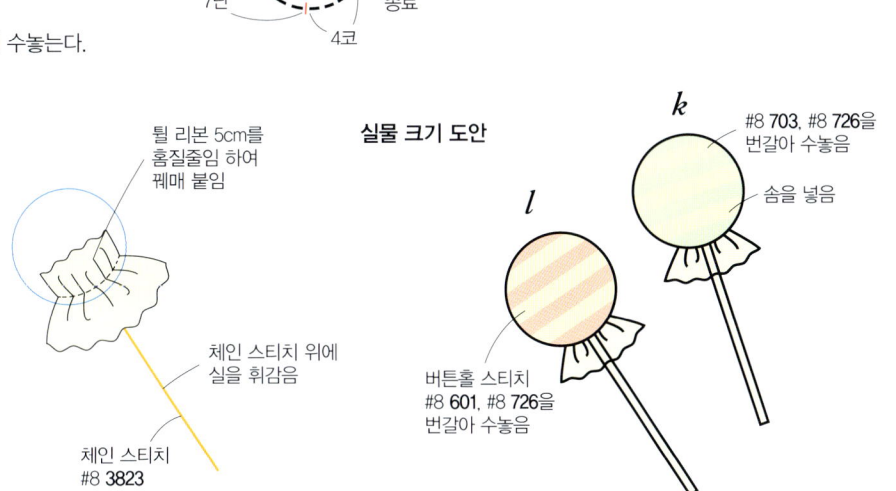

*k* 〈녹색〉 #8 703
*l* 〈분홍색〉 #8 601

3코
시작
7단
7단
종료
4코

### 실물 크기 도안

틸 리본 5cm를 홈질줄임 하여 꿰매 붙임

체인 스티치 위에 실을 휘감음

체인 스티치 #8 3823

*k*
#8 703, #8 726을 번갈아 수놓음
솜을 넣음

*l*
버튼홀 스티치 #8 601, #8 726을 번갈아 수놓음

## 11쪽 *7, 8* 브로치

### 재료(1개분)

틸 폭 10cm×길이 8cm
오건디 리본 폭 5.5cm×길이 10cm
시판 펠트 볼 지름 약 1cm 1개
8번 자수실
브로치 핀 2cm 1개

1. 펠트 볼을 심으로 삼아 리본과 틸을 감는다.
2. 가장자리를 실로 묶는다.
3. 자수를 한다.
4. 브로치 핀을 단다.

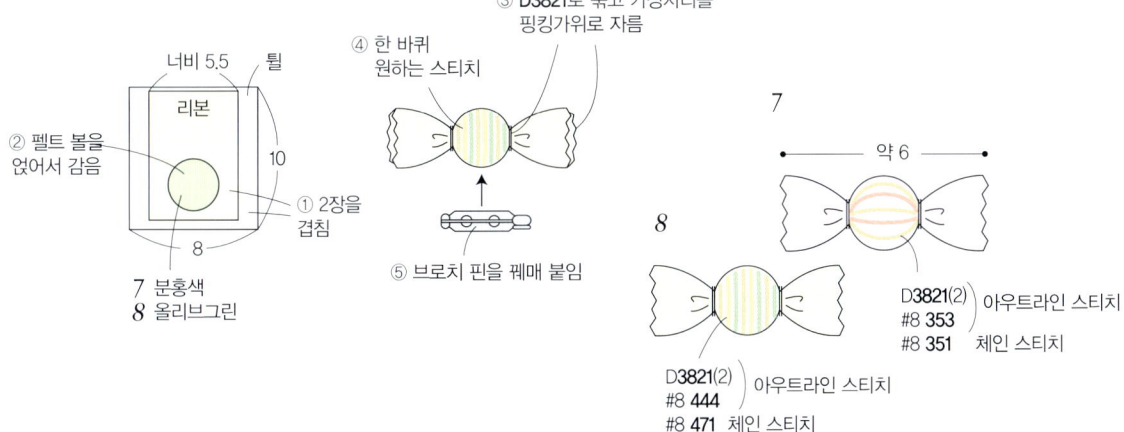

너비 5.5    틸
리본
② 펠트 볼을 얹어서 감음
10
① 2장을 겹침
8
7 분홍색
8 올리브그린

③ D3821로 묶고 가장자리를 핑킹가위로 자름
④ 한 바퀴 원하는 스티치
⑤ 브로치 핀을 꿰매 붙임

7
약 6

8

D3821(2) #8 353 아우트라인 스티치
#8 351 체인 스티치

D3821(2) #8 444 아우트라인 스티치
#8 471 체인 스티치

# 11쪽 9 파우치

**재료**

겉감(마) 너비 60cm×길이 20cm

안감(면) 너비 60cm×길이 20cm

지퍼 24cm 1개

8번 자수실

비즈 필요한 만큼

1. 천에 자수를 한다.
2. 천의 입구 측 시접을 접고 지퍼에 얹어 꿰맨다.
3. 밑면을 박아 시접을 벌려 준다.
4. 옆 솔기를 박는다.
5. 시접을 벌려 밑면 모서리를 박는다.
6. 안감을 마찬가지로 박는다.
7. 주머니감(겉감)에 안감을 넣어 감친다.

※둘레에 1cm의 시접을 주어 재단한다.

마카롱을 수놓는 방법과 도안은 63쪽

마카롱 색깔 번호(모두 #8)

a 본체…**210**
　크림…**208**(2)

b 본체…**3823**
　크림…**437**(2)

c 본체…**760**
　크림…비즈

d 본체…**818**
　크림…비즈

e 본체…**955**
　크림…**3865**(2)

**주머니감(겉감) 2장, 안감 2장**

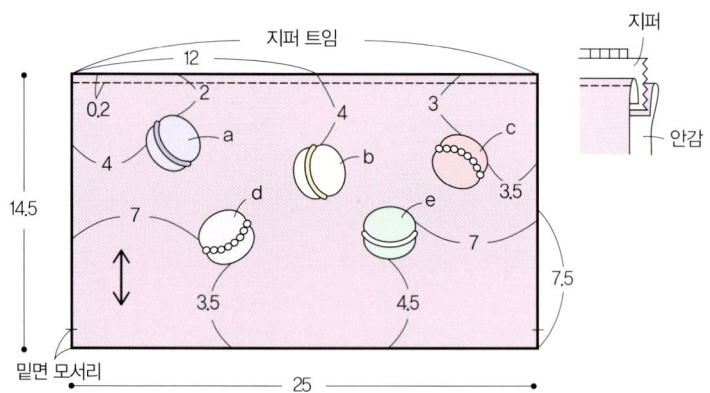

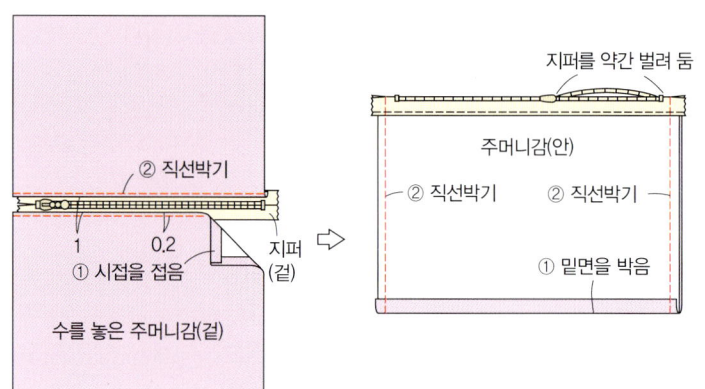

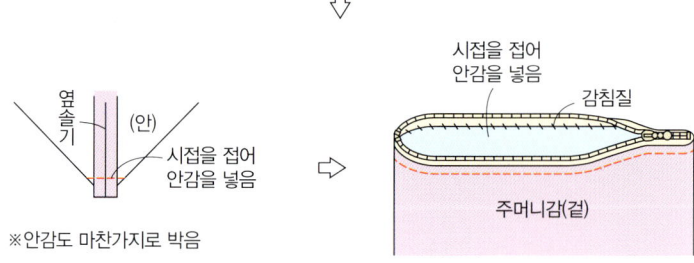

## 12쪽 10 하트

**재료**

펠트(빨간색) 너비 4cm×길이 8cm

8번 자수실 347

솜 필요한 만큼

1. 펠트를 2장 맞대어 코 수대로 버튼홀 스티치로 꿰매다가 도중에 솜을 채워 넣는다.
2. 실 2올을 사용해 버튼홀 스티치를 한다.

   시작코      7코

   1~3단     한 코씩 늘림

   4~9단     한 코씩 줄임
3. 나머지 4코를 펠트를 꿰맨 버튼홀 스티치에 감침질하여 꿰맨다.
4. 뒤쪽도 마찬가지로 수를 놓고 버튼홀 스티치에 감침질하여 꿰맨다.

**실물 크기 버튼홀 스티치, 형지**

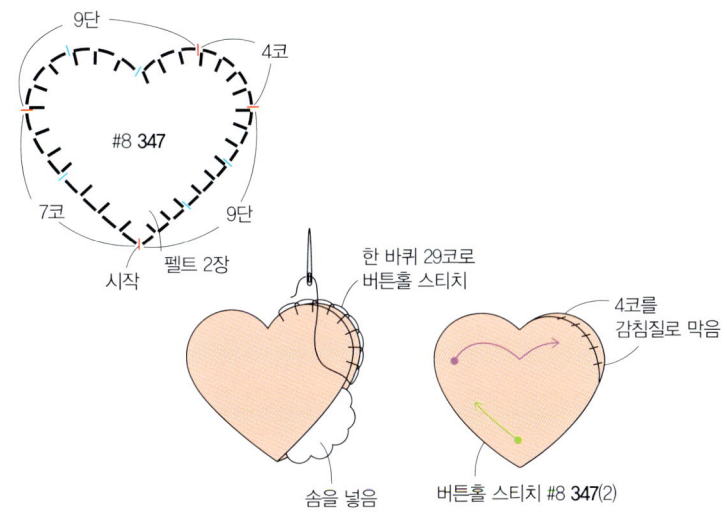

9단

4코

#8 347

7코

9단

시작

펠트 2장

한 바퀴 29코로 버튼홀 스티치

4코를 감침질로 막음

솜을 넣음

버튼홀 스티치 #8 347(2)

## 12쪽 11 머랭

**재료**

펠트(흰색) 너비 3cm×길이 3cm

8번 자수실 3865

1. 펠트에 모양을 그린다.
2. 꼰실(1m×6올)을 만들어 매듭 부분을 꿰매 붙인다.
3. 꼰실을 감아 모양을 만들어서 꿰매 붙여 고정한다.
4. 여분의 펠트를 잘라낸다.

**실물 크기 도안**

펠트 1장

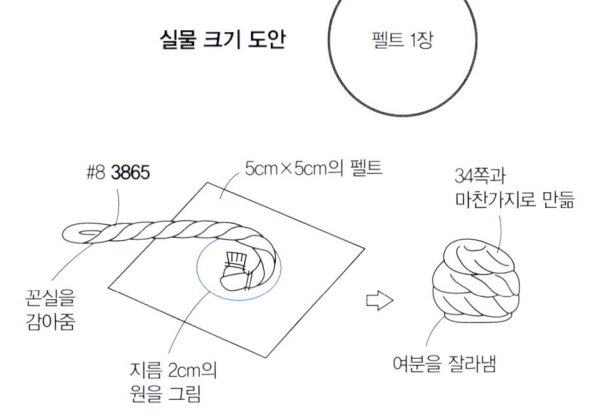

#8 3865

5cm×5cm의 펠트

34쪽과 마찬가지로 만듦

꼰실을 감아줌

지름 2cm의 원을 그림

여분을 잘라냄

## 12쪽 12 트뤼플

**재료**

펠트(갈색) 너비 5cm×길이 3cm

8번 자수실 898

12번 자수실 ECRU

솜 필요한 만큼

1. 펠트 2장을 맞대어 버튼홀 스티치로 꿰맨다.
2. 32쪽을 참조하여 솜을 채워 넣고 막는다.

**실물 크기 버튼홀 스티치, 형지**

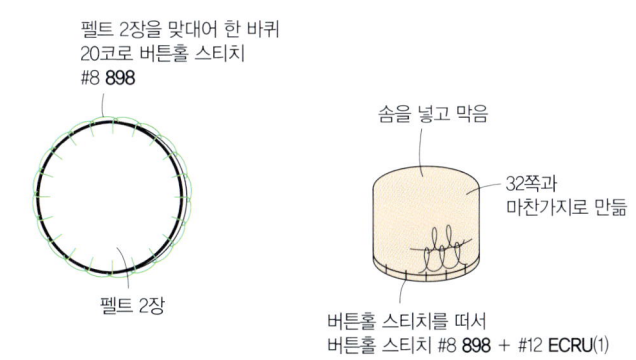

펠트 2장을 맞대어 한 바퀴 20코로 버튼홀 스티치 #8 898

펠트 2장

솜을 넣고 막음

32쪽과 마찬가지로 만듦

버튼홀 스티치를 떠서 버튼홀 스티치 #8 898 + #12 ECRU(1)

## 12쪽 *13* 골드

### 재료

펠트(짙은 갈색)
너비 8cm × 길이 8cm
8번 자수실 938
메탈릭사 D3821

1. 펠트를 2장 겹친다.
2. 코 수대로 버튼홀 스티치로 꿰맨다.
3. 다른 펠트 2장을 또 겹쳐서 임시 고정한다.
4. 버튼홀 스티치로 두 바퀴 수놓는다.
5. 실을 건넨다.
   1~8단   늘림 및 줄임 없음
6. 3의 버튼홀 스티치와 함께 감침질하여 막는다.
7. 메탈릭사를 바늘에 꿰어 펠트 안을 통과시켜 꿰맨다.

**실물 크기 버튼홀 스티치, 형지**

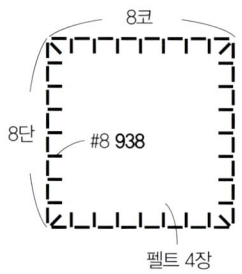

8코
8단 #8 938
펠트 4장

1.2

펠트 2장을 맞대어 한 변당 8코로 버튼홀 스티치

3.
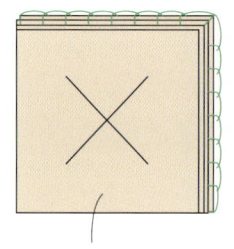

같은 크기의 펠트 2장을 다시 겹쳐서 중심을 임시 고정

4.

버튼홀 스티치를 떠서 두 바퀴 버튼홀 스티치
#8 938

5. 6.
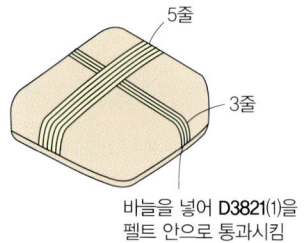

앞면을 버튼홀 스티치
아랫면도 버튼홀 스티치

7.
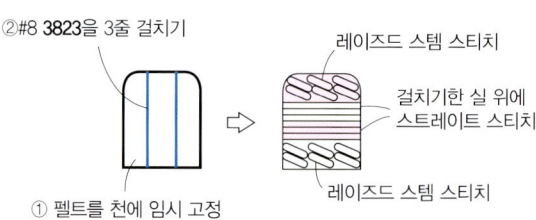

5줄
3줄
바늘을 넣어 D3821(1)을 펠트 안으로 통과시킴

## 13쪽 애프터눈 티

### 중간 케이크/

1. 펠트를 임시 고정한다.
2. 위아래를 레이즈드 스템 스티치, 중앙을 스트레이트 스티치로 수놓는다.
3. 비즈를 꿰매 붙인다.

② #8 3823을 3줄 걸치기
① 펠트를 천에 임시 고정

레이즈드 스템 스티치
걸치기한 실 위에 스트레이트 스티치
레이즈드 스템 스티치

## 상단 케이크/

1. 백 스티치로 테두리를 만든다.
2. 시작코 3코
   1단       한 코 늘림
   2~3단   늘림 및 줄임 없음
3. 펠트를 넣고 막는다.

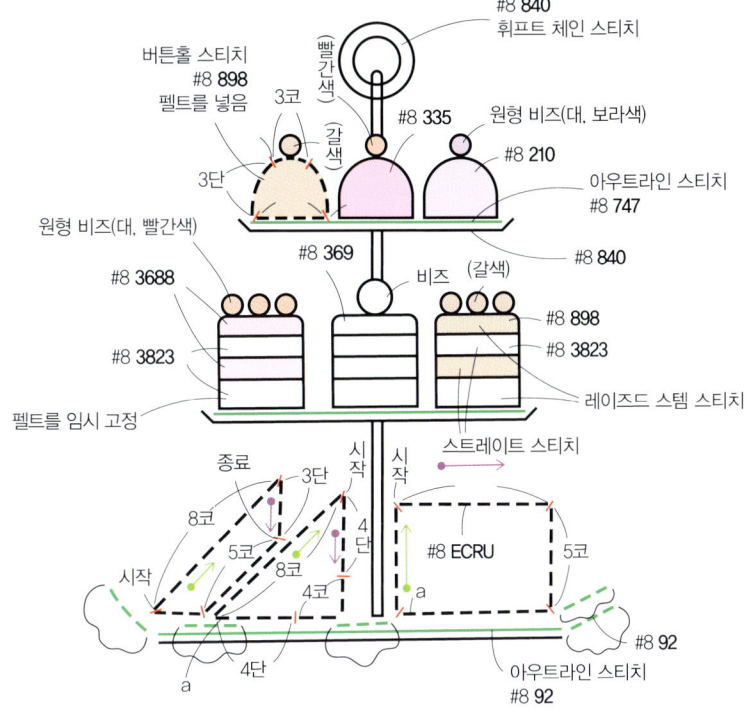

**실물 크기 백 스티치와 도안**

버튼홀 스티치
#8 898
펠트를 넣음

3코

3단

(갈색)

(빨간색)

#8 840
휘프트 체인 스티치

#8 335
원형 비즈(대, 보라색)

#8 210

아우트라인 스티치
#8 747

#8 840

원형 비즈(대, 빨간색)

#8 369

비즈  (갈색)

#8 3688

#8 3823

펠트를 임시 고정

#8 898

#8 3823

레이즈드 스템 스티치

스트레이트 스티치

종료   3단

8코

5코

8코

시작

시작

시작

4단

4코

4코

#8 ECRU

5코

a

a

4단

#8 92

아우트라인 스티치
#8 92

## 샌드위치/

1. 백 스티치로 테두리를 만든다.
2. 왼쪽 부분을 만든다.   시작코  8코
   1~3단   한 코씩 줄임
   펠트를 넣고 막는다.
3. 중앙을 만든다. 펠트 1장을 임시 고정한다.
   시작 위치에서 한 바퀴 버튼홀 스티치를 한다.
   시작에서 a로 실을 걸치기한 후 버튼홀 스티치를 한다.
   1~4단   한 코씩 줄임
   감침질하여 막는다.
4. 오른쪽 부분을 만든다. 펠트를 1장 임시 고정한다.
   시작 위치에서 한 바퀴 버튼홀 스티치를 한다.
   시작에서 a로 실을 걸치기한 후 버튼홀 스티치를 한다.
   1~8단   늘림 및 줄임 없음
   측면 버튼홀 스티치에 감침질하여 막는다.
   안으로 실을 건넨 후 햄과 오이를 수놓는다.
5. 양상추를 만든다.
   1단      백 스티치의 실을 떠서 한 코에 두 코 버튼홀 스티치를 한다.
   2~3단   한 코에 두 코, 한 코에 한 코 버튼홀 스티치를 한다.

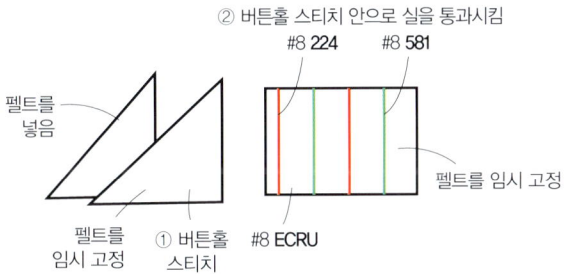

② 버튼홀 스티치 안으로 실을 통과시킴

#8 224   #8 581

펠트를
넣음

펠트를 임시 고정

펠트를
임시 고정

① 버튼홀
스티치

#8 ECRU

## 마들렌/

1. 백 스티치로 테두리를 만든다.
2. 시작코   4코
   바닥 3단의 코는 각각 3회씩 뜬다.
   1~2단   한 코씩 늘림
   3~7단   늘림 및 줄임 없음
   8~9단   한 코씩 줄임
3. 솜을 넣고 막는다.
4. 쟁반을 수놓는다.

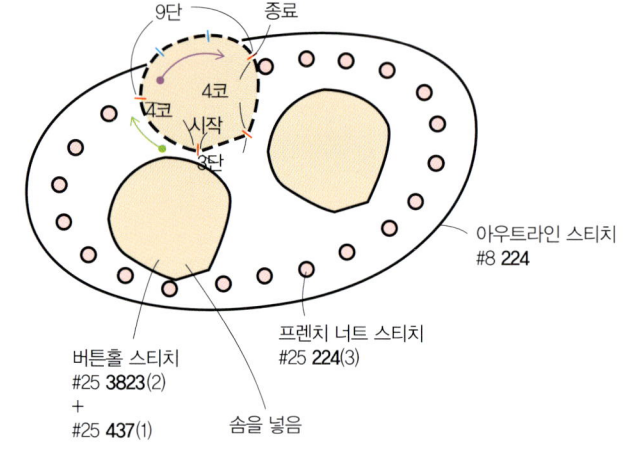

아웃라인 스티치
#8 224

9단   종료
4코   4코
시작
3단

버튼홀 스티치
#25 3823(2)
+
#25 437(1)

프렌치 너트 스티치
#25 224(3)

솜을 넣음

## 컵/

1. 백 스티치로 테두리를 만든다.
2. 시작코   9코
   1단   한 코 줄임
   2단   늘림 및 줄임 없음
   3단   한 코 줄임
   4단   늘림 및 줄임 없음
   5단   한 코 줄임
   6단   늘림 및 줄임 없음
   펠트를 넣고 막는다.
3. 받침접시와 손잡이를 수놓는다.

아웃라인 스티치
#8 819

시작
6단
9코
6코

#8 819
체인 스티치에
실을 감음

종료

아웃라인 스티치
#8 224

버튼홀 스티치
#8 819
펠트를 넣음

## 포트/

1. 백 스티치로 테두리를 만든다.
2. ① 시작코   6코
   1~8단   한 코씩 늘림
   9~12단   늘림 및 줄임 없음   2코
   ② 위치에서 실을 빼내 첫째 단을 한
   코 줄임   11코
   2~3단   한 코씩 줄임
   펠트를 넣고 그 밑에 솜을 채워 막는다.
3. 뚜껑을 수놓는다.   시작코   5코
   1~3단   한 코씩 늘림
   솜을 넣고 막는다.
4. 손잡이를 수놓는다.
5. 장식을 꿰매 붙인다.

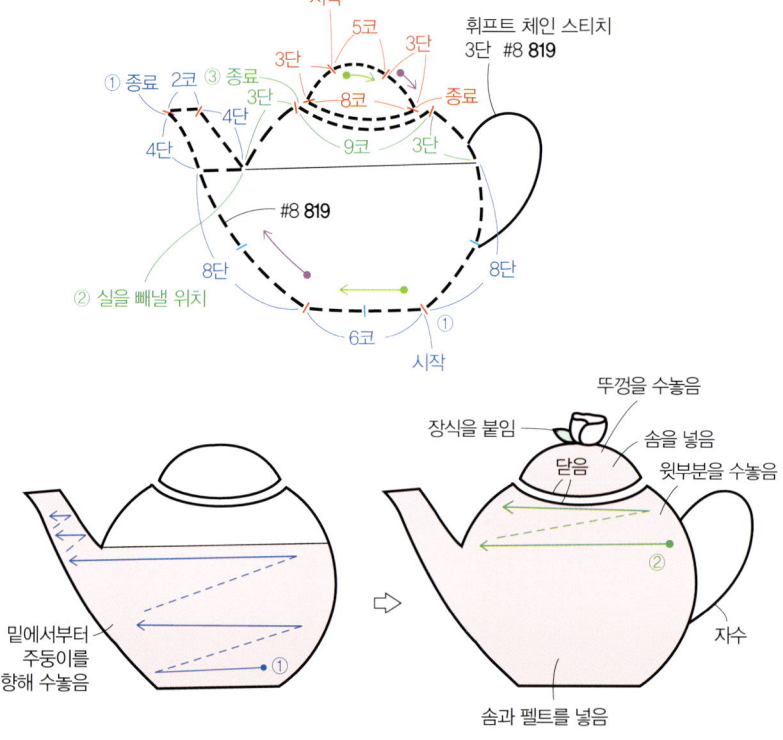

시작
5코
3단   3단
① 종료   2코   ③ 종료   3단
4단   3단
4단   8코   종료
9코   3단
휘프트 체인 스티치
3단   #8 819

#8 819

② 실을 빼낼 위치
8단   8단
6코   ①
시작

밑에서부터
주둥이를
향해 수놓음

①

뚜껑을 수놓음
장식을 붙임   솜을 넣음
닫음   윗부분을 수놓음
②
자수

솜과 펠트를 넣음

## 14쪽 *a~b* 아이스크림

만드는 방법은 싱글 아이스크림과 같다.
위쪽에 아이스크림을 하나 더 수놓는다.

**실물 크기 백 스티치**

백 스티치
*a* 〈망고〉 #25 **4090**(4)
*b* 〈민트〉 #25 **4040**(4)
*a* 〈블루베리〉 #25 **4260**(4)
*b* 〈초콜릿〉 #25 **898**(4)

20코

20코

종료
5단 → 4코
9코
5단
#8 **437**
시작

**실물 크기 도안**

*b*

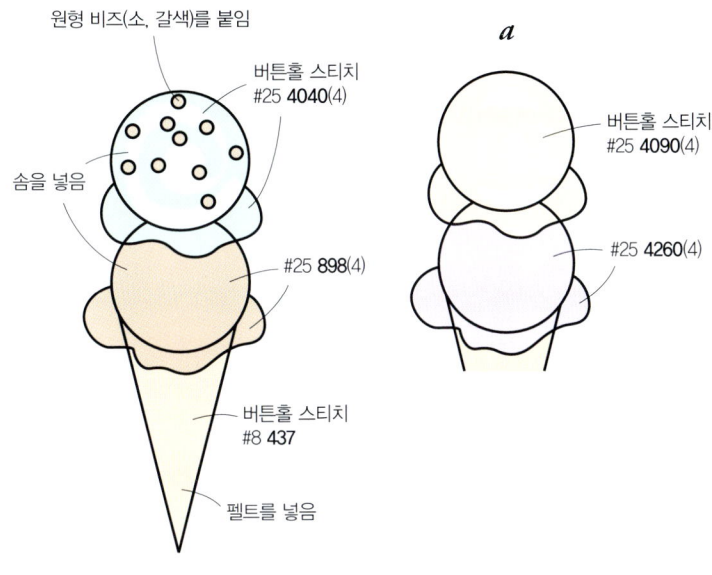

원형 비즈(소, 갈색)를 붙임
버튼홀 스티치 #25 **4040**(4)
솜을 넣음
#25 **898**(4)
버튼홀 스티치 #8 **437**
펠트를 넣음

*a*

버튼홀 스티치 #25 **4090**(4)
#25 **4260**(4)

---

## 14쪽 *c~e* 아이스크림

1. 콘과 아이스크림의 색을 바꿔 백 스티치로 테두리를 만든다.
2. 콘을 만든다.
   시작코    9코
   1~5단    한 코씩 줄임
   펠트를 넣고 막는다.
3. 아이스크림을 만든다.
   백 스티치의 실을 떠서 버튼홀 스티치를 한다.
   1~4바퀴    늘림 및 줄임 없음
   솜을 넣는다.
   5바퀴    두 코 수놓고 한 코 거르기로 코 수를 줄인다.
   6~8바퀴    한 코 수놓고 한 코 거르기로 코 수를 줄여 막는다.
4. 아래쪽 프릴을 만든다(a~b).
   a 위치에서 실을 빼낸다.
   1단   아이스크림의 백 스티치한 코에 버튼홀 스티치로 두 코를 수놓는다.
   2단   1단의 버튼홀 스티치에 다시 한 번 버튼홀 스티치를 한다.

   한 코에 한 코, 한 코에 두 코를 반복하여 코 수를 늘린다.
5. 밑단 부분을 군데군데 끌어 모아 꿰매 붙여서 고정한다.
6. 비즈를 꿰매 붙인다.

**실물 크기 백 스티치**

*c* 〈치즈케이크〉 #25 **4090**(4)
*d* 〈초콜릿〉 #25 **105**(4)
*e* 〈오렌지〉 #25 **4120**(4)

a
b
20코

종료
5단 → 4코
9코
5단
#8 **437**
시작

프릴 2단

**실물 크기 도안**

*c*

솜을 넣음
버튼홀 스티치 #25 **4090**(4)
실만을 뜬 버튼홀 스티치
버튼홀 스티치 #8 **437**
펠트를 넣음

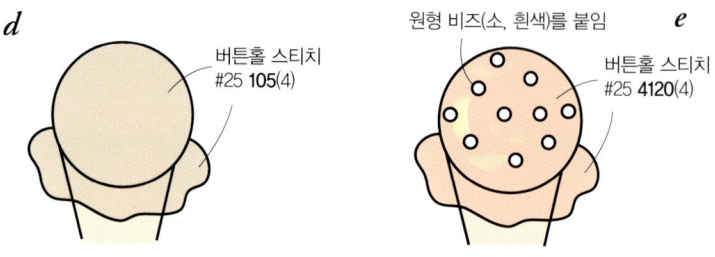

*d* ... 버튼홀 스티치 #25 105(4)

원형 비즈(소, 흰색)를 붙임 *e* 버튼홀 스티치 #25 4120(4)

---

## 14쪽 *f*, *b* 초콜릿, 딸기

1. 딸기와 바닐라 부분의 색을 바꿔 백 스티치로 테두리를 만든다.
2. 시작코  4코
    1~5단  한 코씩 늘림(갈색, 분홍색)
    6~10단  늘림 및 줄임 없음(갈색, 분홍색)
    11~13단  늘림 및 줄임 없음(크림색)
3. 펠트를 넣고 막는다.
4. 막대를 레이즈드 스템 스티치로 수놓는다.
5. 비즈를 꿰매 붙인다.

**실물 크기 백 스티치**

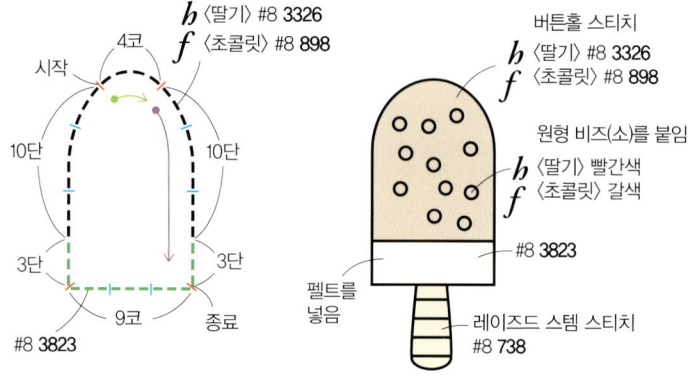

*b* 〈딸기〉 #8 3326
*f* 〈초콜릿〉 #8 898
시작  4코
10단  10단
3단  3단
#8 3823  9코  종료

**실물 크기 도안**

버튼홀 스티치
*b* 〈딸기〉 #8 3326
*f* 〈초콜릿〉 #8 898
원형 비즈(소)를 붙임
*b* 〈딸기〉 빨간색
*f* 〈초콜릿〉 갈색
#8 3823
펠트를 넣음
레이즈드 스템 스티치 #8 738

---

## 14쪽 *g* 수박

1. 수박의 빨간 부분과 껍질의 색을 바꿔 백 스티치로 테두리를 만든다.
2. 시작코  2코
    1~10단  한 코씩 늘림(빨간색)
    색을 바꾼다.
    11~12단  늘림 및 줄임 없음(노란색)
3. 펠트를 넣고 막는다.
4. 비즈를 꿰매 붙인다.
5. 막대를 레이즈드 스템 스티치로 수놓는다.

**실물 크기 백 스티치**

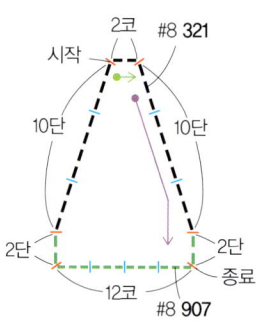

2코  #8 321
시작
10단  10단
2단  2단
종료
12코
#8 907

**실물 크기 도안**

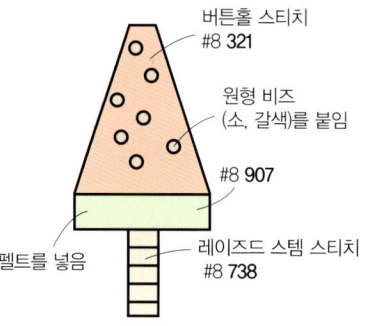

버튼홀 스티치 #8 321
원형 비즈 (소, 갈색)를 붙임
#8 907
펠트를 넣음
레이즈드 스템 스티치 #8 738

---

## 14쪽 *i* 소다

1. 백 스티치로 테두리를 만든다.
2. 시작 위치에서부터 버튼홀 스티치를 두 바퀴 수놓는다.
3. 시작에서 a로 실을 걸치기한 후 1~4단까지 코를 늘리거나 줄이지 않는다.
4. 펠트를 2장 넣고 막는다.
5. 막대를 레이즈드 스템 스티치로 수놓는다.

**실물 크기 백 스티치**

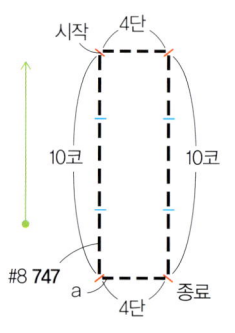

시작  4단
10코  10코
#8 747  a  종료
4단

**실물 크기 도안**

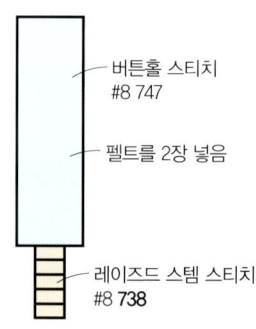

버튼홀 스티치 #8 747
펠트를 2장 넣음
레이즈드 스템 스티치 #8 738

## 15쪽 *a* 딸기 파르페

1. 백 스티치로 유리컵 다리와 딸기의 테두리를 만든다.
2. 유리컵 내부를 만든다.

    단별로 색깔을 바꿔 수놓는다.

    시작코　　4코

    1~12단　한 코씩 늘림

    12단째에 다시 한번 D168로 버튼홀 스티치를 한다.

    펠트를 넣고 그 밑에 솜을 채워 넣는다.

    마지막은 막지 않고 오픈해 둔다.

3. 유리컵 다리를 만든다.

    시작코　　8코

    1~4단　한 코씩 줄임

    5~8단　늘림 및 줄임 없음

    아무것도 넣지 않고, 밑단 부분은 오픈해 둔다.

4. 유리컵 측면을 백 스티치로 수놓는다.
5. 초콜릿 바를 만든다.
6. 딸기를 만든다.

    시작코　　2코

    1~4단　한 코씩 늘림

    5~6단　한 코씩 줄임

    솜을 넣고 막는다.

7. 딸기 꼭지를 레이즈드 리프 스티치로 만든다.
8. 꼰실로 크림 2종류를 만든다.

    노란색, 흰색 순서로 꿰매 붙인다.

9. 비즈를 꿰매 붙인다.

### 실물 크기 백 스티치

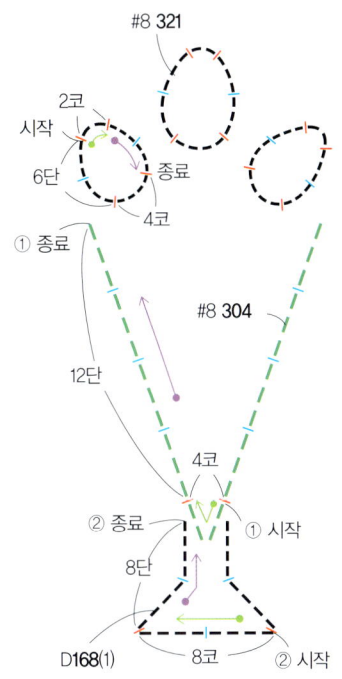

- #8 321
- 2코
- 시작
- 6단
- 종료
- 4코
- ① 종료
- #8 304
- 12단
- 4코
- ② 종료
- ① 시작
- 8단
- D168(1)
- 8코
- ② 시작

### 실물 크기 도안

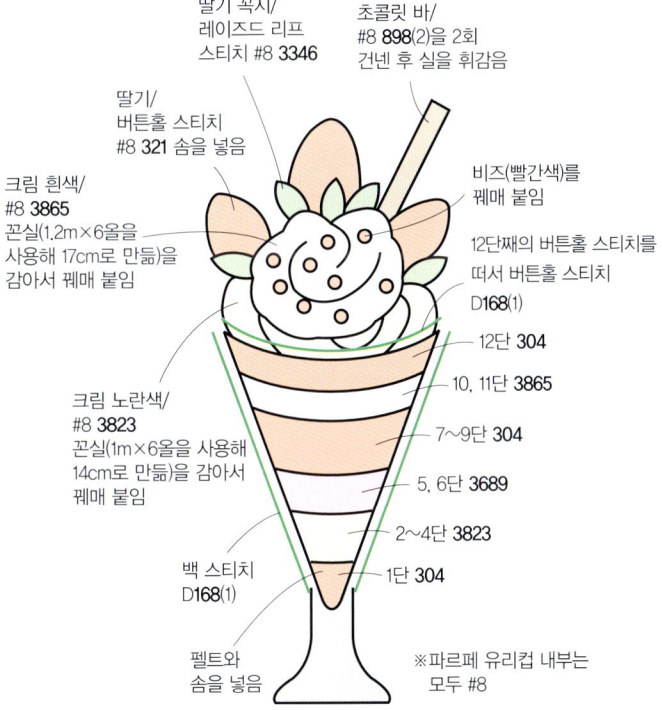

- 딸기 꼭지/ 레이즈드 리프 스티치 #8 3346
- 초콜릿 바/ #8 898(2)을 2회 건넨 후 실을 휘감음
- 딸기/ 버튼홀 스티치 #8 321 솜을 넣음
- 비즈(빨간색)를 꿰매 붙임
- 크림 흰색/ #8 3865 꼰실(1.2m×6올을 사용해 17cm로 만듦)을 감아서 꿰매 붙임
- 12단째의 버튼홀 스티치를 떠서 버튼홀 스티치 D168(1)
- 12단 304
- 10, 11단 3865
- 크림 노란색/ #8 3823 꼰실(1m×6올을 사용해 14cm로 만듦)을 감아서 꿰매 붙임
- 7~9단 304
- 5, 6단 3689
- 2~4단 3823
- 백 스티치 D168(1)
- 1단 304
- 펠트와 솜을 넣음
- ※파르페 유리컵 내부는 모두 #8

## 15쪽 *b* 녹차 파르페

1～4까지 딸기 파르페(a)와 같다.

5. 파르페의 찹쌀 경단을 새틴 스티치로 수놓는다.

6. 녹차 아이스크림을 버튼홀 스티치로 수놓는다.

   1～3바퀴　늘림 및 줄임 없음

   4～6바퀴　두 코 수놓고 한 코 거르기를 반복하여 코를 줄인다.

   솜을 넣고 막는다.

7. 팥 아이스크림을 버튼홀 스티치로 만든다.

   1～3바퀴　늘림 및 줄임 없음

   4～6바퀴　두 코 수놓고 한 코 거르기를 반복하여 코를 줄인다.

   솜을 넣고 막는다.

8. 팥소를 만든다.

   시작코　6코

   1～2단　늘림 및 줄임 없음

   솜을 넣고 막는다.

   비즈를 꿰매 붙인다.

9. 꼰실로 크림을 만들어 꿰매 붙인다.

10. 비스킷을 레이즈드 스템 스티치로 수놓는다.

**실물 크기 백 스티치**

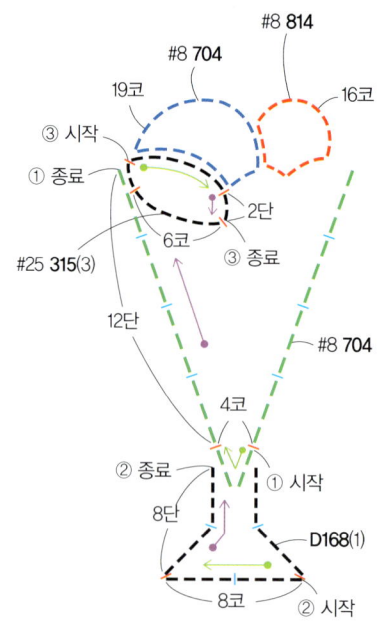

**실물 크기 도안**

크림/
#8 3348
꼰실(1m×3올을 사용해
8cm로 만듦)을 감아서
꿰매 붙임

비스킷/
레이즈드
스템 스티치
#8 738

버튼홀 스티치
D168(1)

녹차 아이스크림/
버튼홀 스티치
#8 704 + #25 471(1)
솜을 넣음

팥 아이스크림/
버튼홀 스티치
#8 814 + #25 315(1)
솜을 넣음

찹쌀 경단/ 새틴 스티치
#8 3865

팥소/
버튼홀 스티치
#25 315(3)
솜을 넣음

12단 3347
11단 814
9, 10단 3865
7, 8단 704
5, 6단 3865
3, 4단 814
1, 2단 704

비즈(갈색)를
꿰매 붙임

백 스티치
D168(1)

펠트와 솜을 넣음

## 15쪽 *c* 망고 파르페

1~4까지 딸기 파르페(a)와 같다.

5. 망고를 만든다.

   시작코　　4코

   1~3단　　한 코씩 늘림

   좌우대칭으로 수를 놓고 솜을 넣어 중앙을 막는다.

6. 꼰실로 크림을 만들어 꿰매 붙인다(34쪽 참조).

7. 민트 잎을 레이즈드 리프 스티치로 수놓아 만든다.

8. 비즈를 꿰매 붙인다.

**실물 크기 백 스티치**

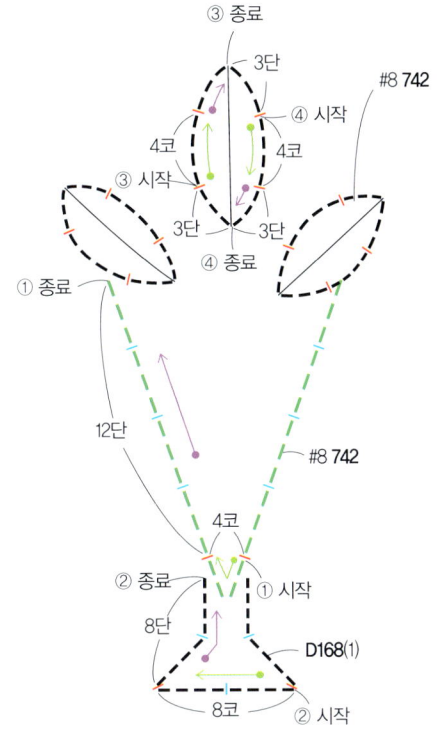

**실물 크기 도안**

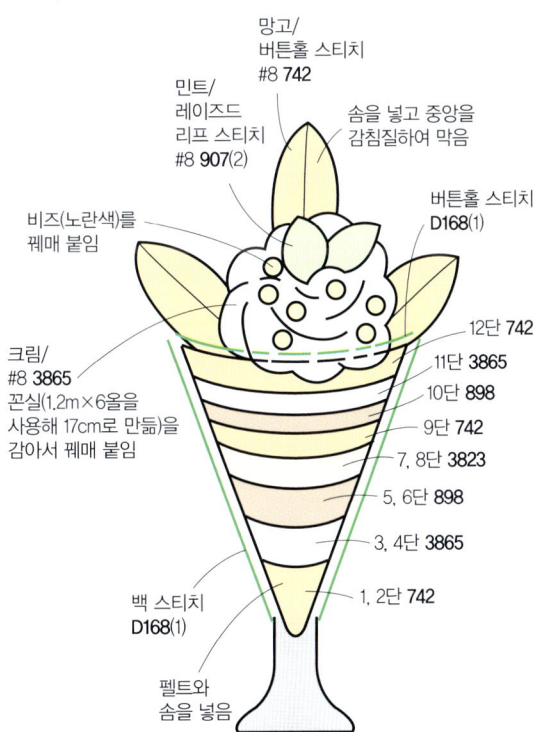

## 16쪽 *a~c, j~l* 도넛

### *c* 초콜릿

1. 백 스티치로 테두리를 만든다.
2. 바깥쪽에서부터 안쪽으로 수를 놓아 도넛을 만든다.
   1~6바퀴   늘림 및 줄임 없음
3. 솜을 넣으면서 32코를 18코로 분산해서 막는다.
4. 아몬드크런치를 스트레이트 스티치로 수놓는다.

### *a b* 피스타치오, 딸기

1. 백 스티치로 테두리를 만든다.
2. 바깥쪽에서부터 안쪽으로 수를 놓아 도넛을 만든다.
   바깥둘레를 한 바퀴 버튼홀 스티치(베이지) 한다.
   2~6바퀴   늘림 및 줄임 없음
           (노란색, 분홍색)
3. 솜을 넣으면서 32코를 18코로 분산해서 막는다.
4. 비즈를 꿰매 붙인다.

### *l* 크림

만드는 방법은 같다. 초콜릿을 스트레이트 스티치로 수놓는다.

**실물 크기 백 스티치**

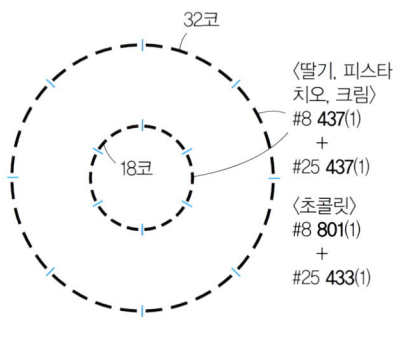

32코

18코

〈딸기, 피스타치오, 크림〉
#8 437(1)
+
#25 437(1)

〈초콜릿〉
#8 801(1)
+
#25 433(1)

**실물 크기 도안**

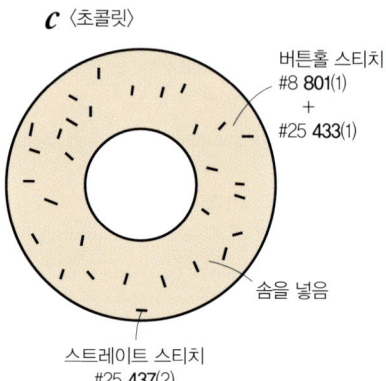

*c* 〈초콜릿〉

버튼홀 스티치
#8 801(1)
+
#25 433(1)

솜을 넣음

스트레이트 스티치
#25 437(2)

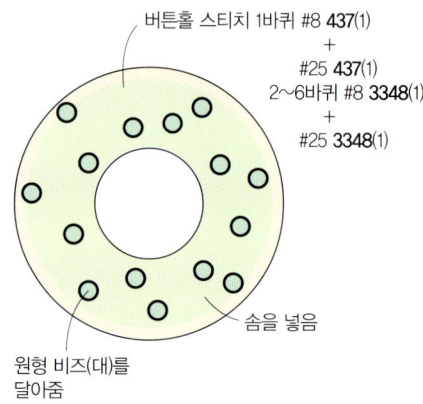

*a* 〈피스타치오〉

버튼홀 스티치 1바퀴 #8 437(1)
+
#25 437(1)
2~6바퀴 #8 3348(1)
+
#25 3348(1)

솜을 넣음

원형 비즈(대)를
달아줌

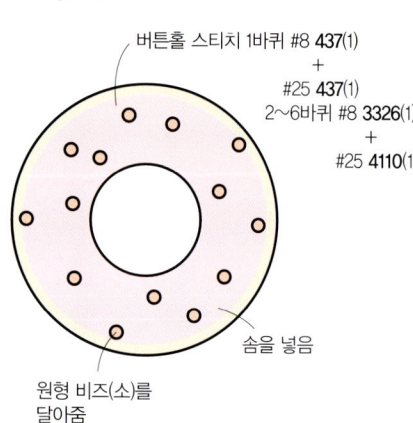

*b* 〈딸기〉

버튼홀 스티치 1바퀴 #8 437(1)
+
#25 437(1)
2~6바퀴 #8 3326(1)
+
#25 4110(1)

솜을 넣음

원형 비즈(소)를
달아줌

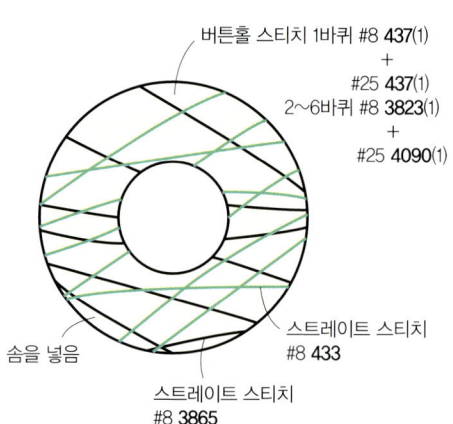

*l* 〈크림〉

버튼홀 스티치 1바퀴 #8 437(1)
+
#25 437(1)
2~6바퀴 #8 3823(1)
+
#25 4090(1)

솜을 넣음

스트레이트 스티치
#8 433

스트레이트 스티치
#8 3865

*j* 프렌치크룰러 블루베리

*k* 프렌치크룰러 초콜릿

1. 백 스티치로 테두리를 만든다.
2. 바깥쪽에서부터 안쪽으로 수를 놓아 도넛을 만든다.
   1~2바퀴  늘림 및 줄임 없음
3. a에서 b로 실을 걸치기한 후 실 위에 5코의 시작코를 만든다.
4. 안쪽 백 스티치의 한 코를 2회씩 떠서 코를 늘리거나 줄이지 않고 22단을 수놓는다.
5. 솜을 넣으면서 도중에 색깔을 바꿔 마찬가지로 14단을 수놓는다.
6. a와 b의 위치에서 자수 시작 부분과 종료 부분을 맞대어 감침질로 마무리한다.

**실물 크기 백 스티치**

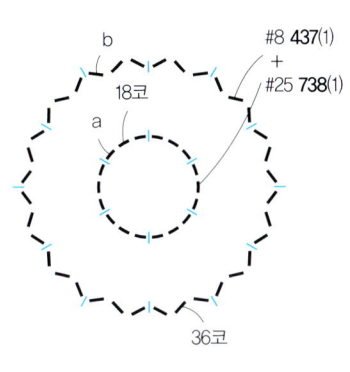

b
18코
a
#8 437(1)
+
#25 738(1)
36코

**실물 크기 도안**

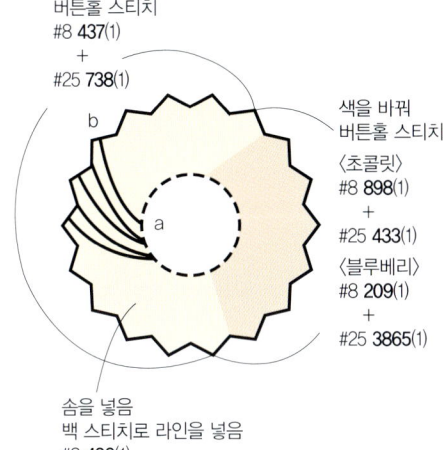

버튼홀 스티치
#8 437(1)
+
#25 738(1)

색을 바꿔
버튼홀 스티치
〈초콜릿〉
#8 898(1)
+
#25 433(1)
〈블루베리〉
#8 209(1)
+
#25 3865(1)

b
a

솜을 넣음
백 스티치로 라인을 넣음
#8 436(1)

---

# 16쪽 *d~i* 에클레어

1. 한 바퀴 40코의 백 스티치로 테두리를 만든다.
2. 1~3바퀴  늘림 및 줄임 없음
3. 펠트를 2장 넣는다.
4. 4바퀴  직선부분은 코를 늘리거나 줄이지 않는다.
   곡선 부분의 양 끝은 두 코씩 건너뛰어 전체 32코가 되게 한다.
   중앙을 맞춰 감침질하여 막는다.
5. 에클레어 위에 크림을 새틴 스티치로 수놓는다.
6. 장식용 비즈를 단다.
   초콜릿은 스트레이트 스티치로 수놓는다.

**실물 크기 백 스티치**

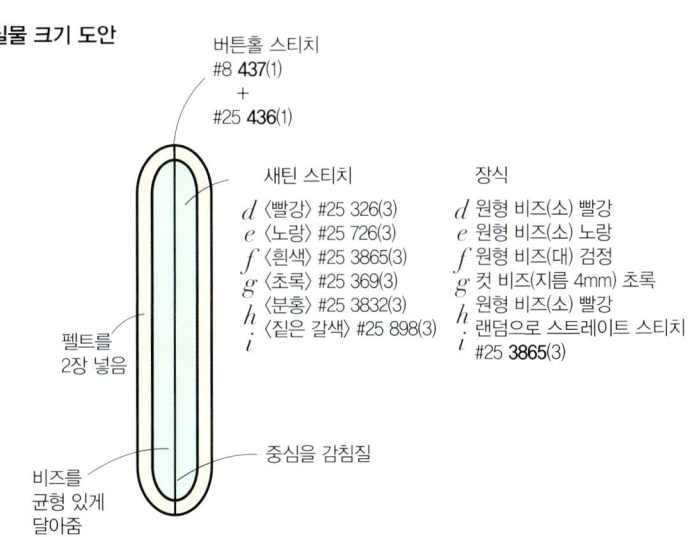

40코

#8 437(1)
+
#25 436(1)

**실물 크기 도안**

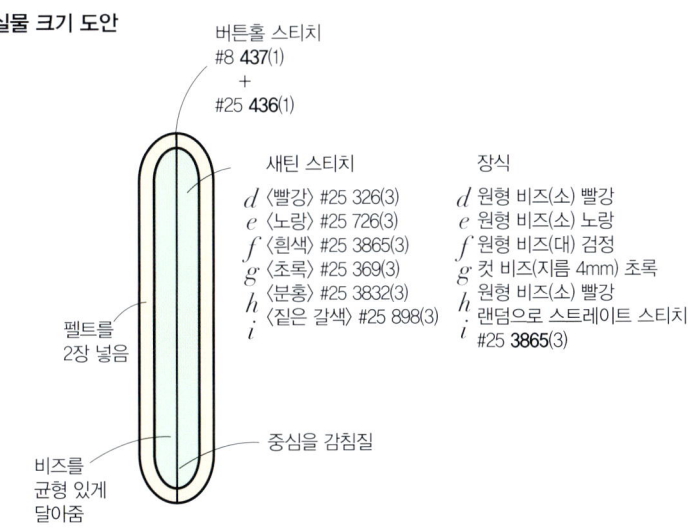

버튼홀 스티치
#8 437(1)
+
#25 436(1)

새틴 스티치

*d* 〈빨강〉 #25 326(3)
*e* 〈노랑〉 #25 726(3)
*f* 〈흰색〉 #25 3865(3)
*g* 〈초록〉 #25 369(3)
*h* 〈분홍〉 #25 3832(3)
*i* 〈짙은 갈색〉 #25 898(3)

장식

*d* 원형 비즈(소) 빨강
*e* 원형 비즈(소) 노랑
*f* 원형 비즈(대) 검정
*g* 컷 비즈(지름 4mm) 초록
*h* 원형 비즈(소) 빨강
*i* 랜덤으로 스트레이트 스티치
#25 3865(3)

펠트를
2장 넣음

비즈를
균형 있게
달아줌

중심을 감침질

## 17쪽 14~16 도넛 모양 참

**재료(1개분)**

8번 자수실

14 **898**

15 **437 335**

16 **437 3348**

25번 자수실

14 **898**

15 **335 437**

15 **3348 437**

펠트(14 짙은 갈색  15, 16옅은 갈색)

너비 10cm×길이 5cm

오링 1개

고리 달린 스트랩 1개

솜, 비즈 필요한 만큼

1. 펠트를 2장 잘라 지정한 코 수의 버튼홀
   스티치로 꿰매 붙이다가 도중에 솜을 넣는다.
2. 바깥쪽에서부터 안쪽으로 버튼홀 스티치를 하여 도넛을 만든다.

   1~4바퀴  늘림 및 줄임 없음

   5바퀴    두 코 수놓고 한 코 거르기를
   반복하여 27코까지 코 수를 줄임

   6바퀴    늘림 및 줄임 없음

   7바퀴    두 코 수놓고 한 코 거르기를 반복하여 19코까지 코 수를 줄임
3. 안쪽의 20코와 함께 감침질하여 막는다.
4. 뒷면도 마찬가지로 만든다.
5. 비즈를 꿰매 붙인다.
6. 오링을 재봉틀용 실 등으로 꿰매 붙인 후
   스트랩을 달아준다.

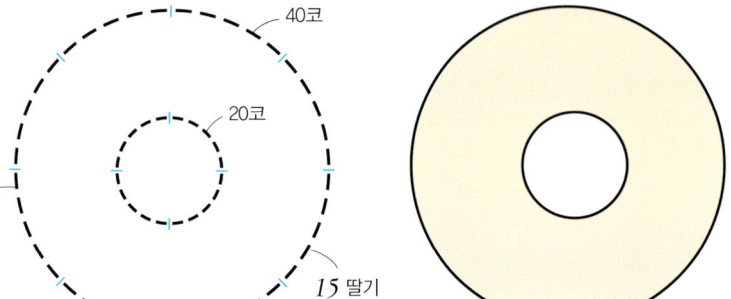

**실물 크기 백 스티치**

40코

20코

*14* 초콜릿
#8 **898**(1)
+
#25 **898**(1)

*15* 딸기
*16* 피스타치오
#8 **437**

**실물 크기 도안**

*14* 초콜릿
*15* 딸기
*16* 피스타치오

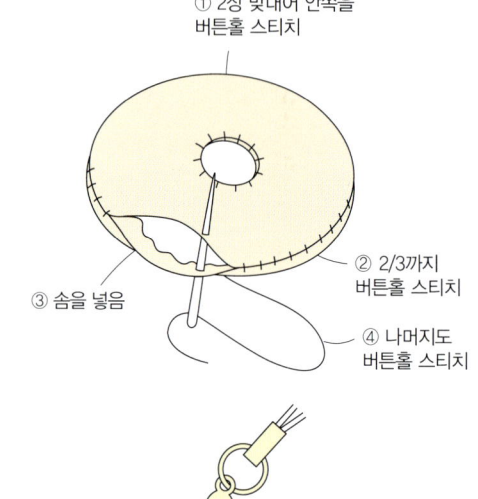

① 2장 맞대어 안쪽을
버튼홀 스티치

② 2/3까지
버튼홀 스티치

③ 솜을 넣음

④ 나머지도
버튼홀 스티치

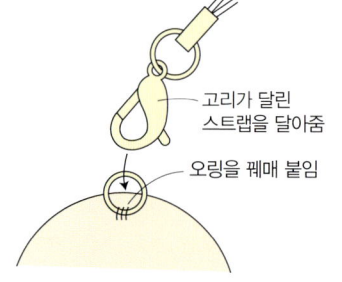

고리가 달린
스트랩을 달아줌

오링을 꿰매 붙임

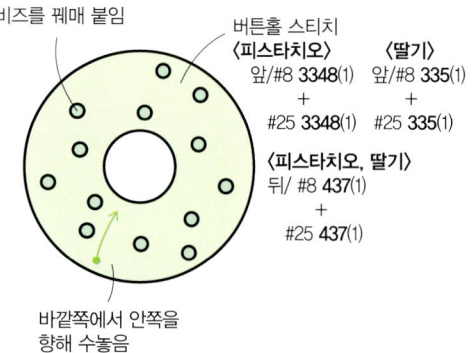

**14 초콜릿**

스트레이트 스티치 #25 **437**(2)

버튼홀 스티치
#8 **898**(1)
+
#25 **898**(1)
앞뒤 같은 색

바깥쪽에서 안쪽을
향해 수놓음

**15 딸기    16 피스타치오**

비즈를 꿰매 붙임

버튼홀 스티치

〈피스타치오〉
앞/#8 **3348**(1)
+
#25 **3348**(1)

〈딸기〉
앞/#8 **335**(1)
+
#25 **335**(1)

〈피스타치오, 딸기〉
뒤/ #8 **437**(1)
+
#25 **437**(1)

바깥쪽에서 안쪽을
향해 수놓음

## 18쪽 *a* 깜파뉴

1. 한 바퀴 25코의 백 스티치로 테두리를 만든다.
2. 1~5바퀴  늘림 및 줄임 없음
3. 솜을 넣는다.
4. 6~9바퀴  두 코 수놓고 한 코 거르기를 반복하여 코 수를 줄여서 막는다.
5. 가루를 표현하는 라인을 아웃라인 스티치로 수놓는다.

**실물 크기 백 스티치**

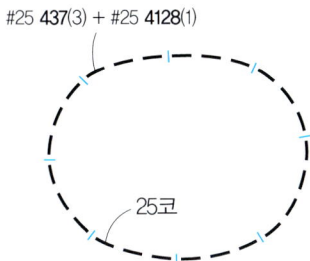

#25 **437**(3) + #25 **4128**(1)

25코

**실물 크기 도안**

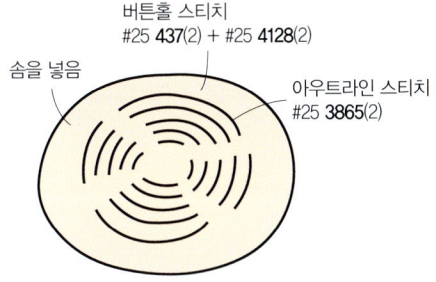

버튼홀 스티치
#25 **437**(2) + #25 **4128**(2)

솜을 넣음

아웃라인 스티치
#25 **3865**(2)

---

## 18쪽 *b* 크루아상

1. 백 스티치로 테두리를 만든다.
2. 시작코  4코
   1~2단  늘림 및 줄임 없음
   3~6단  한 코씩 늘림
   7~10단  한 코씩 줄임
   11~12단  늘림 및 줄임 없음
3. 솜을 넣고 막는다.
4. a에서 b로 실을 걸치기한 후 실을 뜨면서 버튼홀 스티치로 6코 4단을 수놓는다.
5. a 위치에서 실을 빼내어 a에서 b 방향으로 버튼홀 스티치를 1열 수놓는다.

**실물 크기 백 스티치**

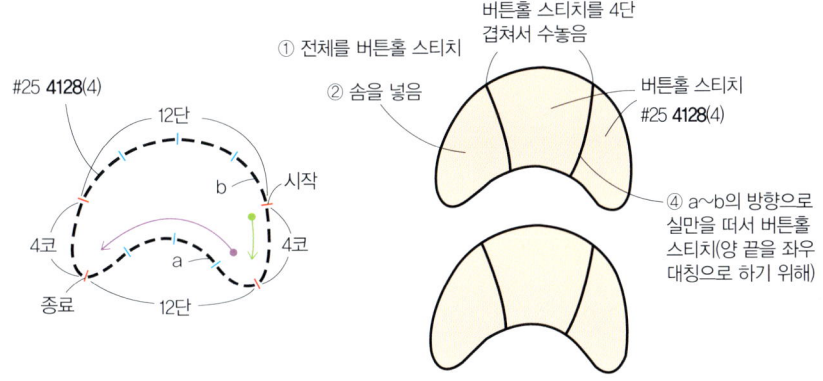

#25 **4128**(4)

12단

b

시작

4코

a

4코

종료

12단

**실물 크기 도안**

③ 실만을 떠서 버튼홀 스티치를 4단 겹쳐서 수놓음

① 전체를 버튼홀 스티치

② 솜을 넣음

버튼홀 스티치
#25 **4128**(4)

④ a~b의 방향으로 실만을 떠서 버튼홀 스티치(양 끝을 좌우 대칭으로 하기 위해)

---

## 18쪽 *c* 바게트

1. 백 스티치로 테두리를 만든다.
2. 시작코  6코
   1~14단  늘림 및 줄임 없음
3. 솜을 넣고 막는다.
4. 바게트 위쪽에서부터 칼집 부분을 스트레이트 스티치로 수놓는다.

**실물 크기 백 스티치**

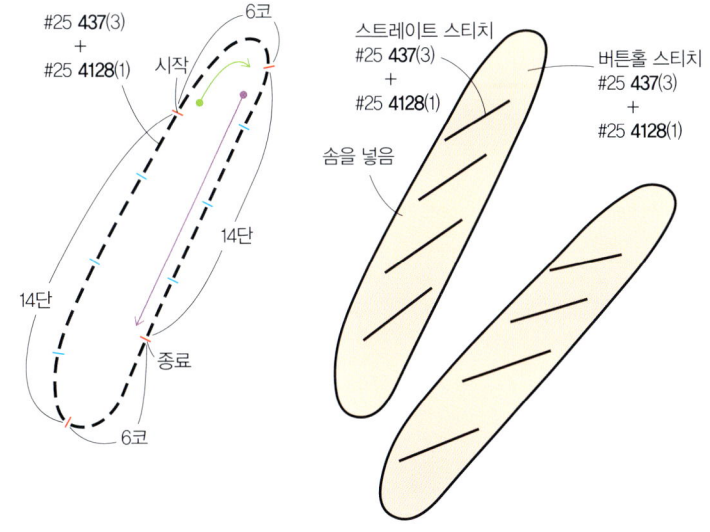

#25 **437**(3)
+
#25 **4128**(1)

시작

6코

14단

14단

종료

6코

**실물 크기 도안**

스트레이트 스티치
#25 **437**(3)
+
#25 **4128**(1)

버튼홀 스티치
#25 **437**(3)
+
#25 **4128**(1)

솜을 넣음

## 18쪽 *d* 데니시

1. 백 스티치로 테두리를 만든다.
2. 시작코　12코
   1～2단　늘림 및 줄임 없음
3. 펠트를 넣고 막는다.
   다른 한 쪽도 마찬가지로 만든다.
4. 베리를 만든다.
   한 바퀴 6코의 백 스티치로 테두리
   를 만든다.
   1바퀴　늘림 및 줄임 없음
   2～3바퀴　한 코 수놓고 한 코 거
   　　　　　르기로 코 수를 줄임
   비즈를 1개 안에 넣어 심으로 삼아
   서 막는다.

5. 틈새에 원형 비즈(소), 원형 비즈
   (대)를 꿰매 붙인다.

**실물 크기 백 스티치**

12코
시작
2단
2단
종료
6코
#25 437(2)
+
#25 4128(2)
빨강/#25 326(3)
보라/#25 154(3)

**실물 크기 도안**

버튼홀 스티치
#25 437(2) + #25 4128(2)
펠트를 넣음
버튼홀 스티치
#25 154(3)
버튼홀 스티치
#25 326(3)
비즈
틈새에 비즈를 꿰매 붙임

---

## 18쪽 *e* 잼

1. 병 테두리를 아우트라인 스티치로 수
   놓는다.
2. 뚜껑을 버튼홀 스티치로 수놓는다.
3. 딸기와 블루베리의 테두리를 백 스
   티치로 만든다.
4. 한 바퀴　8코
   1～2바퀴　늘림 및 줄임 없음
   3～4바퀴　한 코 수놓고 한 코 거
   　　　　　르기로 코 수를 줄임
   펠트를 넣고 막는다.
5. 오렌지는 실을 걸치기한 후 실만을
   떠서 버튼홀 스티치로 5～6코 수놓
   는다.

6. 각 병 안에 비즈를 꿰매 붙인다.

**실물 크기 백 스티치와 도안**

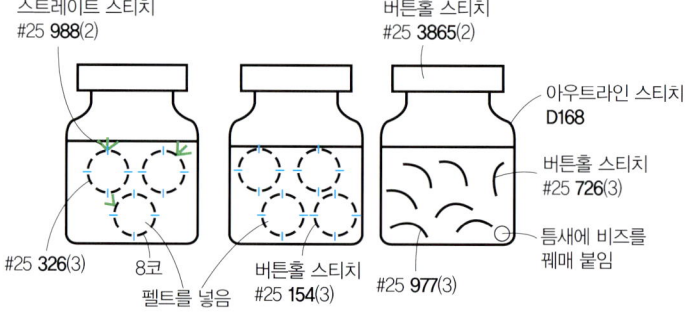

스트레이트 스티치
#25 988(2)
버튼홀 스티치
#25 3865(2)
아우트라인 스티치
D168
버튼홀 스티치
#25 726(3)
틈새에 비즈를
꿰매 붙임
#25 326(3)
8코
펠트를 넣음
버튼홀 스티치
#25 154(3)
#25 977(3)

---

## 18쪽 *f* 브리오슈

1. 백 스티치로 테두리를 만든다.
2. 상단을 수놓는다.
   1～3바퀴　늘림 및 줄임 없음
   4～5바퀴　한 코 수놓고 한 코 거
   　　　　　르기로 코 수를 줄임
   솜을 넣고 막는다.
3. 중단을 수놓는다.
   시작코　8코
   1단　　한 코 늘림
   2～3단　늘림 및 줄임 없음
   4～6단　한 코씩 줄임
   솜을 넣고 막는다.

4. 하단을 스트레이트 스티치로 수놓는다.

**실물 크기 백 스티치**

14코
시작
#25 976(4)
6단
6단
8코
종료
6코
#25 437(3)
+
#25 4128(1)

**실물 크기 도안**

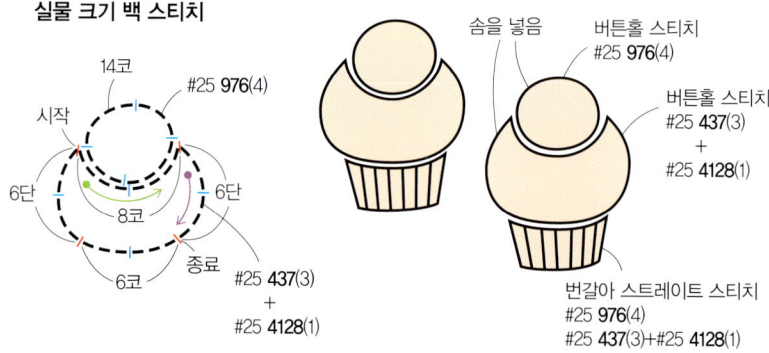

솜을 넣음
버튼홀 스티치
#25 976(4)
버튼홀 스티치
#25 437(3)
+
#25 4128(1)
번갈아 스트레이트 스티치
#25 976(4)
#25 437(3)+#25 4128(1)

## 18쪽 *g* 슈톨렌

### 통 케이크

1. 한 바퀴 28코의 백 스티치로 테두리를 만든다.
2. 1~5바퀴  늘림 및 줄임 없음
3. 솜을 넣는다.
4. 6~8바퀴  두 코 수놓고 한 코 거르기로 코 수를 줄여서 막는다.
5. 호랑가시나무 잎을 레이즈드 리프 스티치로 만든다.
6. 열매용 비즈를 꿰매 붙인다.

### 슬라이스 케이크

1. 백 스티치로 테두리를 만든다.
2. 1~2바퀴  늘림 및 줄임 없이 수놓아 막는다.
3. 시작 위치로 실을 걸치기한 후 버튼홀 스티치

   1단        4코
   2~4단   한 코씩 늘림
   펠트를 넣고 막는다.
4. 알갱이 부분을 스트레이트 스티치로 수놓는다.

**실물 크기 백 스티치**

#8 3865(1)
+
#25 3790(1)

28코

시작   4코
4단         4단
7코   종료

#8 3865(1)

**실물 크기 도안**

레이즈드 리프 스티치
#8 3346

버튼홀 스티치
#8 3865(1)
+
#25 3790(1)

솜을 넣음

펠트를 넣음

버튼홀 스티치
#8 3865로 2바퀴
#8 3865(1)
+
#25 3790(1)

비즈

스트레이트 스티치
#25 326(2)          #25 437(2)

---

## 18쪽 *b* 독일빵

1. 백 스티치로 테두리를 만든다.
2. 펠트 2장을 천에 임시 고정한다.
3. 시작 위치에서부터 두 바퀴 버튼홀 스티치(#8 801) 한다.
4. 시작에서 a로 실을 걸치기한 후 버튼홀 스티치(#8 433) 한다.
   1단       한 코 늘림
   2~6단  늘림 및 줄임 없음
   바닥을 감침질하여 막는다.
5. 빵 위에서부터 알갱이 부분을 스트레이트 스티치로 수놓는다.

**실물 크기 백 스티치**

6코       시작
a
6단              6단
#8 801
7코

**실물 크기 도안**

측면
버튼홀 스티치
#8 801

펠트 2장을
임시 고정

윗면
버튼홀 스티치
#8 433

스트레이트 스티치
#25 738(2)

## 18쪽 *i* 호밀빵

1. 한 바퀴 25코의 백 스티치로 테두리를 만든다.
2. 1～4바퀴  늘림 및 줄임 없음
   실을 4145(4)로 교체
   5바퀴    늘림 및 줄임 없음
3. 솜을 넣는다.
4. 6～9바퀴  두 코 수놓고 한 코 거르기를 반복하여 코 수를 줄여서 막는다.
5. 빵 위에서부터 칼집 부분을 아우트라인 스티치로 수놓는다.

**실물 크기 백 스티치**

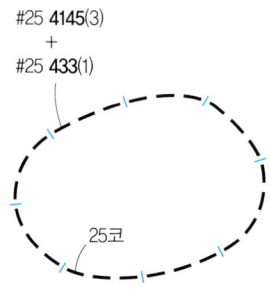

#25 **4145**(3)
+
#25 **433**(1)

25코

**실물 크기 도안**

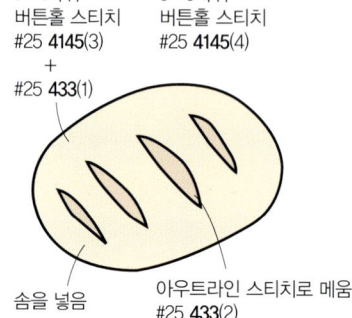

1～4바퀴
버튼홀 스티치
#25 **4145**(3)
+
#25 **433**(1)

5～9바퀴
버튼홀 스티치
#25 **4145**(4)

솜을 넣음

아우트라인 스티치로 메움
#25 **433**(2)

---

## 19쪽 *b* 모닝세트

**실물 크기 백 스티치**　　**잼**

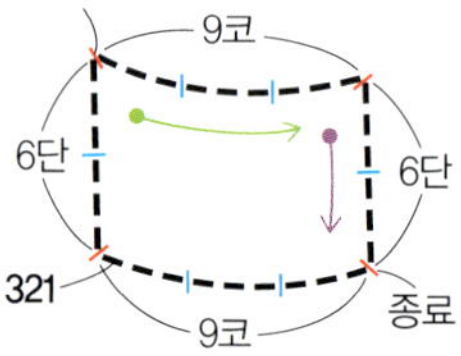

시작
9코
6단　　　　6단
#8 **321**
9코　　　　종료

**잼/**

1. 백 스티치로 잼의 테두리를 만든다.
2. 시작코  9코
   1～6단  늘림 및 줄임 없음
3. 펠트를 넣고 막는다.
4. 비즈를 꿰매 붙인다.
5. 스푼을 레이즈드 스템 스티치로 수놓는다.
6. 병 테두리를 아우트라인 스티치로 수놓는다.

**실물 크기 도안**

펠트를 넣음

레이즈드 스템 스티치
#8 **436**

아우트라인 스티치
#25 **169**(2)

스트레이트
스티치 #8 **3346**

레이즈드 리프
스티치 #8 **3346**

솜을 넣음

버튼홀 스티치
#8 **321**

비즈

버튼홀 스티치
#8 **321**

러닝 스티치
#8 **796**

아우트라인
스티치 #8 **796**

**양상추/** 54쪽과 같다.

새틴 스티치
#25 **169**(2)

버튼홀 스티치로
2바퀴 #8 **738**
#8 **ECRU**로
윗면을 버튼홀 스티치

펠트 2장을
임시 고정

빵 위에
버튼홀 스티치 #8 **321**
원형 비즈(소, 빨간색)를
꿰매 붙임

레이즈드 스템 스티치
#8 **436**

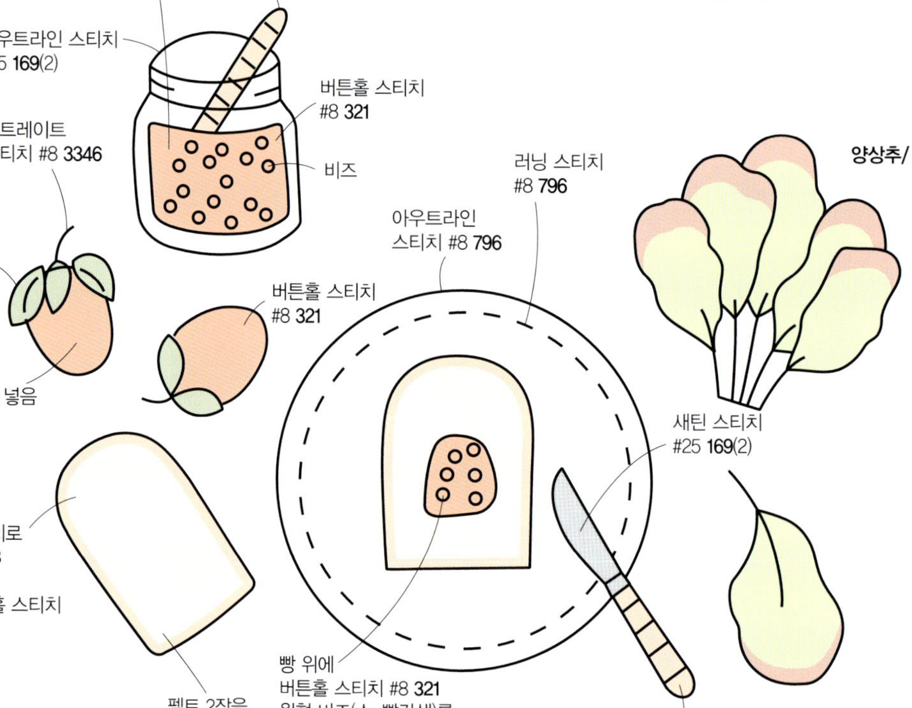

## 딸기/

1. 백 스티치로 테두리를 만든다.
2. 시작코　3코
   1～3단　한 코씩 늘림
   4단　늘림 및 줄임 없음
   5～6단　한 코씩 늘림
3. 솜을 넣고 막는다.
4. 딸기 꼭지를 레이즈드 리프 스티치로 만든다.
   축을 스트레이트 스티치로 수놓는다.

### 실물 크기 백 스티치
### 토스트

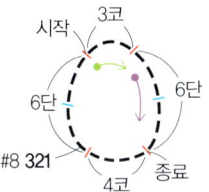

#8 738
9단
a
3단
시작
9코　3코　3단　3코　9코
종료
3단
#8 321
9단
시작

### 실물 크기 백 스티치
### 딸기

시작　3코
6단　　6단
#8 321
4코　종료

## 토스트/

1. 백 스티치로 테두리를 만든다.
2. 펠트 2장을 천에 임시 고정한다.
3. 시작 위치에서부터 두 바퀴 버튼홀 스티치를 한다.
4. 시작에서 a로 실을 걸치기한 후 버튼홀 스티치를 한다.
   1～4단　한 코씩 늘림
   5단　늘림 및 줄임 없음
   6～9단　한 코씩 줄임
5. 측면 버튼홀 스티치와 함께 감침질하여 막는다.
6. 접시에 놓인 토스트의 잼을 만든다.
   토스트 위에 시작코　3코
   1～3단　늘림 및 줄임 없음
   아무것도 넣지 않고 막는다.
   비즈를 꿰매 붙인다.
7. 접시를 아웃라인 스티치와 러닝 스티치로 수놓는다.
8. 나이프를 새틴 스티치, 레이즈드 스템 스티치로 수놓는다.

---

## 20쪽 *a* 미튼(주방장갑)

1. 백 스티치로 테두리를 만든다.
2. 시작코　10코
   색을 바꿔 수놓음
   (・표시는 **3865**)
   1～5단　한 코씩 늘림
   6～9단　한 코씩 줄임
3. 왼쪽의 2코를 막는다.
4. 10단　6코
   11단　늘림 및 줄임 없음
   12～15단　한 코씩 줄임
5. 솜을 넣고 막는다(★표 2곳).
6. 모티프레이스를 꿰매 붙인다.
7. 줄기를 스트레이트 스티치로 수놓는다.
8. 장갑 입구를 버튼홀 스티치로 수놓는다.
   고리를 만든다.

### 실물 크기 백 스티치

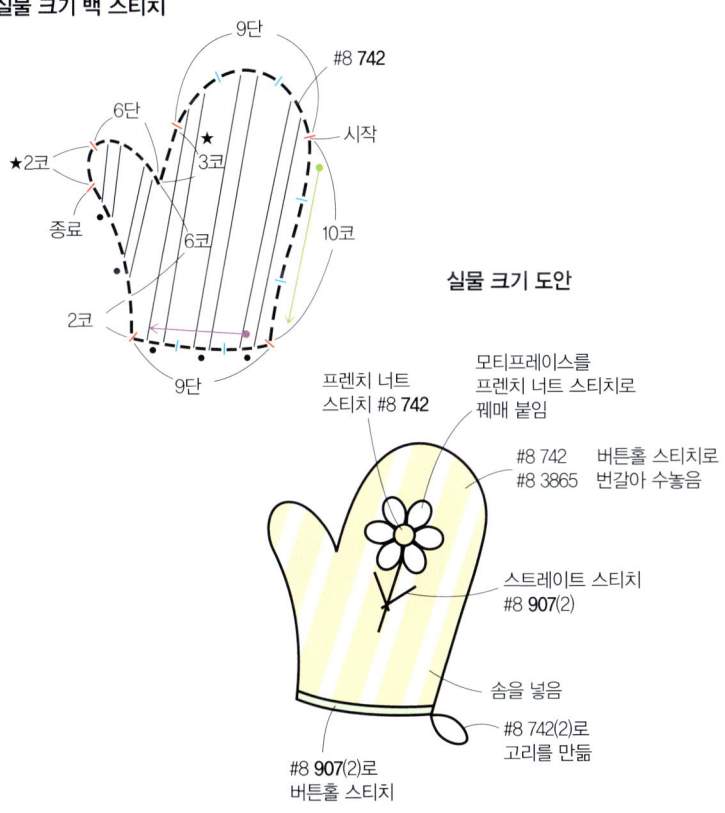

9단
#8 742
6단
★
3단
시작
★2코
6코
10코
종료
2코
9단

### 실물 크기 도안

프렌치 너트
스티치 #8 742

모티프레이스를
프렌치 너트 스티치로
꿰매 붙임

#8 742　버튼홀 스티치로
#8 3865　번갈아 수놓음

스트레이트 스티치
#8 907(2)

솜을 넣음

#8 742(2)로
고리를 만듦

#8 907(2)로
버튼홀 스티치

## 20쪽 *b* 포트

1. 백 스티치로 테두리를 만든다.
2. 본체를 만든다.

   시작코　10코

   1～3단　늘림 및 줄임 없음

   4단　　　한 코 줄임

   5～7단　늘림 및 줄임 없음

   8단　　　한 코 줄임

   9～11단 늘림 및 줄임 없음

   12단　　한 코 줄임

   13단　　늘림 및 줄임 없음
3. 펠트를 넣고 막는다.
4. 뚜껑을 만든다.

   시작코　3코

   1～4단　한 코씩 늘림
5. 솜을 넣고 막는다.
6. 주둥이를 레이즈드 스템 스티치로 수놓는다.
7. 손잡이는 체인 스티치에 실을 감아 준다. (휘프트 체인 스티치)
8. 뚜껑 위에 비즈를 꿰매 붙인다.

**실물 크기 백 스티치**

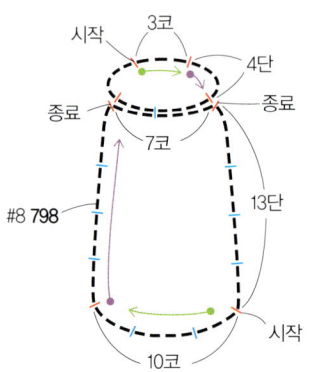

**실물 크기 도안**

## 20쪽 *c* 주전자

1. 백 스티치로 테두리를 만든다.
2. 본체를 만든다.

   시작코　7코

   1～5단　한 코씩 늘림

   6～8단　늘림 및 줄임 없음

   9단　　한 코 줄임
3. 펠트를 넣고 밑에 솜을 채워 막는다.
4. 뚜껑을 만든다.

   시작코　3코

   1～4단　한 코씩 늘림
5. 펠트를 넣고 막는다.
6. 주둥이를 레이즈드 스템 스티치로 수놓는다.
7. 주전자 손잡이를 버튼홀 스티치로 수놓는다.
8. 뚜껑 꼭지를 스트레이트 스티치로 수놓는다.

**실물 크기 백 스티치**

**실물 크기 도안**

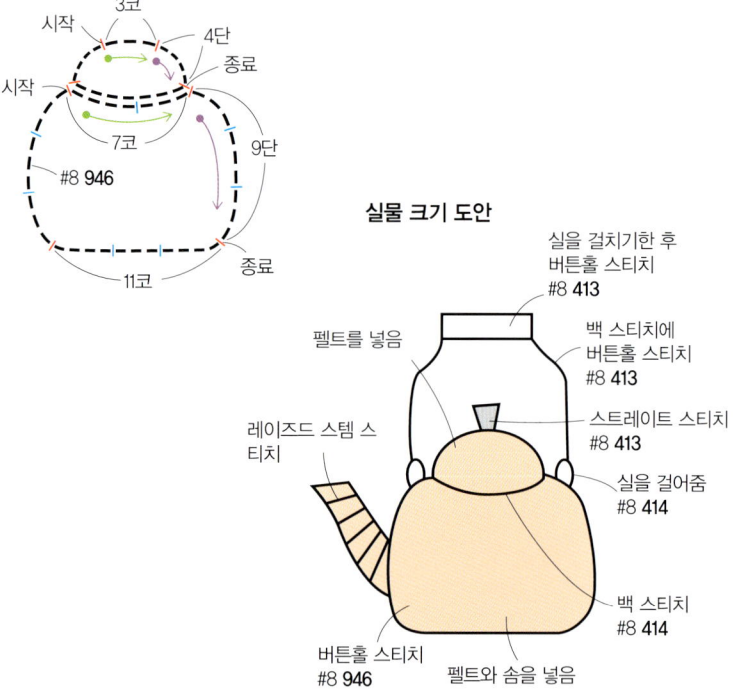

## 20쪽 *d* 캐서롤(냄비)

1. 백 스티치로 테두리를 만든다.
2. 본체를 만든다.
   시작코   15코
   1~4단   늘림 및 줄임 없음
3. 펠트를 넣고 막는다.
4. 뚜껑을 만든다.
   시작코   10코
   1~5단   한 코씩 늘림
5. 펠트를 넣고 밑에 솜을 채워 막는다.
6. 손잡이는 실을 걸치기한 후 실만을 뜨면서 버튼홀 스티치를 한다.
7. 뚜껑 꼭지를 스트레이트 스티치로 수놓는다.

**실물 크기 백 스티치**

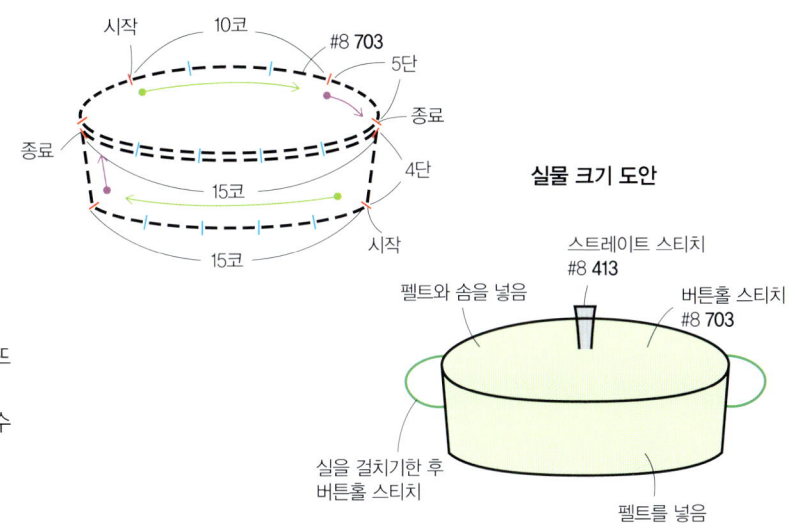

**실물 크기 도안**

---

## 20쪽 *e* 주방 저울

1. 백 스티치로 테두리를 만든다.
2. 시작코   7코
   ① 시작   1~2단   한 코씩 늘림
   3단      늘림 및 줄임 없음
   숫자판 오른쪽을 7단까지 수놓는다.
   4~6단 코를 늘리거나 줄이지 않아 2코가 되고
   7단      한 코를 늘려 3코가 됨
   ① 종료에서 실을 처리한다.
3. 숫자판 왼쪽 부분을 수놓는다.
   ② 위치에서 실을 빼내 숫자판 위를 감친 후
   ② 시작 위치로 실을 걸치기한 후 7단까지 수놓는다.
   4~6단   2코 수놓음
   7단      한 코 늘려서 3코가 됨
4. ③ 위치에서 실을 빼내 ③ 시작 위치로 걸친다.
   8단   10코 수놓음
   9단   한 코 늘림
   10단  늘림 및 줄임 없음
5. 바닥 부분을 통해서 솜을 넣고 막는다.
6. 숫자판의 바늘과 테두리를 수놓는다.
7. 저울접시를 레이즈드 스템 스티치로 수놓는다.
8. 계량컵을 수놓는다.

**실물 크기 백 스티치**

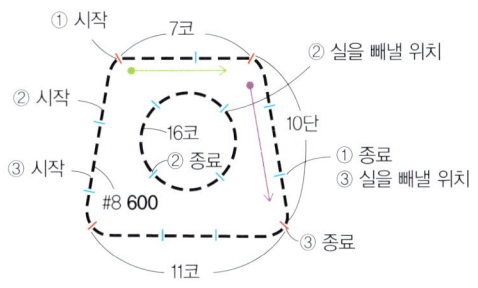

**실물 크기 도안**

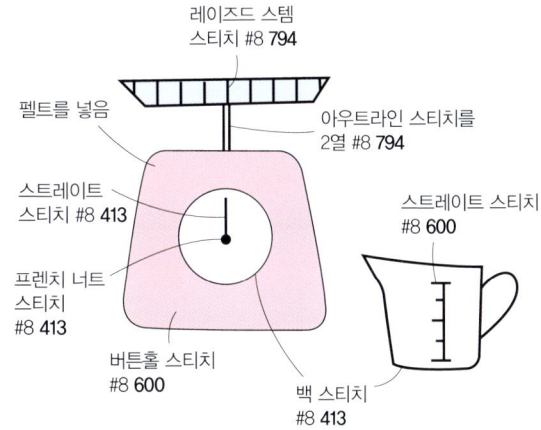

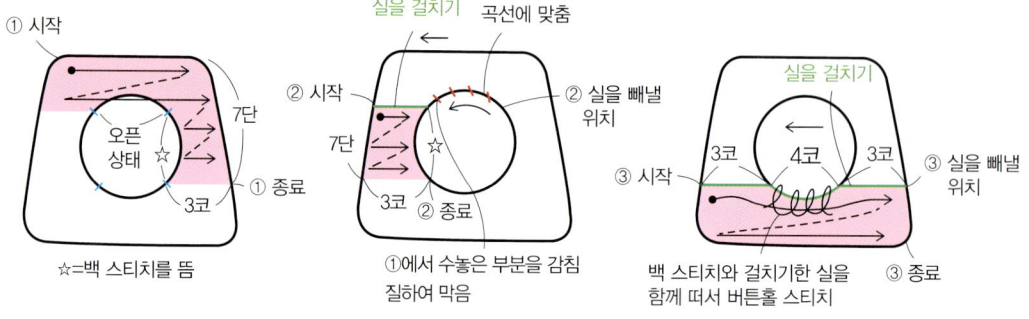

① 시작

실을 걸치기　곡선에 맞춤

실을 걸치기

오픈 상태

② 시작

② 실을 빼낼 위치

③ 시작

3코　4코　3코

③ 실을 빼낼 위치

7단

① 종료

7단

3코

② 종료

③ 시작

③ 종료

3코

☆=백 스티치를 뜸

①에서 수놓은 부분을 감침질하여 막음

백 스티치와 걸치기한 실을 함께 떠서 버튼홀 스티치

## 20쪽 *f* 캐서롤(냄비)

1. 백 스티치로 테두리를 만든다.
2. 본체를 만든다.

| 시작코 | 10코 |
|---|---|
| 1단 | 한 코 늘림 |
| 2단 | 늘림 및 줄임 없음 |
| 3단 | 한 코 늘림 |
| 4단 | 늘림 및 줄임 없음 |
| 5단 | 한 코 늘림 |
| 6단 | 늘림 및 줄임 없음 |

3. 펠트를 넣고 막는다.
4. 뚜껑을 만든다.

| 시작코 | 7코 |
|---|---|
| 1~6단 | 한 코씩 늘림 |

5. 펠트를 넣고 밑에 솜을 채워 막는다.
6. 손잡이는 실을 걸치기한 후 실만을 뜨면서 버튼홀 스티치를 한다.
7. 뚜껑 꼭지를 스트레이트 스티치로 수놓는다.

**실물 크기 백 스티치**

시작　7코　#8 444

13코

6단

종료　종료

6단

10코　시작

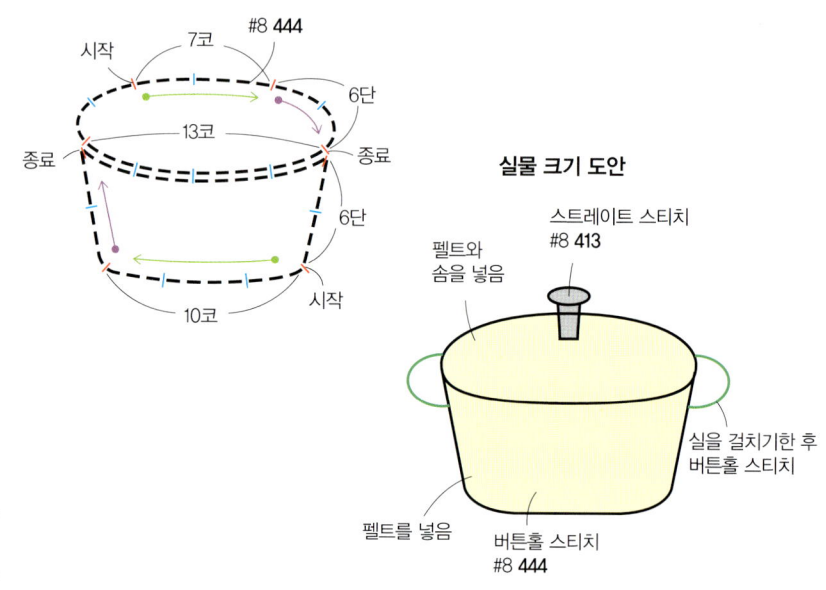

**실물 크기 도안**

스트레이트 스티치
#8 413

펠트와 솜을 넣음

실을 걸치기한 후 버튼홀 스티치

펠트를 넣음

버튼홀 스티치
#8 444

## 20쪽 *g* 절구와 절굿공이

1. 백 스티치로 테두리를 만든다.
2. 절구를 만든다.

| 시작코 | 14코 |
|---|---|
| 1~8단 | 한 코씩 줄임 |

3. 펠트를 넣고 막는다.
4. 절구 내부의 라인을 스트레이트 스티치 하고, 바닥은 새틴 스티치로 수놓는다.
5. 절굿공이를 만든다.

| 시작코 | 3코 |
|---|---|
| 1~12단 늘림 및 줄임 없음 | |

6. 솜을 넣고 막는다.
7. 비즈를 꿰매 붙인다.

**실물 크기 백 스티치**

시작

종료

14코

3코

8단

#8 355

종료

6코

#8 105

12단

3코　시작

**실물 크기 도안**

스트레이트 스티치
#8 355

펠트를 넣음

버튼홀 스티치
#8 355

새틴 스티치
#8 355

버튼홀 스티치
#8 105

원형 비즈(소, 검정)

솜을 넣음

## 20쪽 *b* 밀크팬

1. 백 스티치로 테두리를 만든다.
2. 본체를 만든다.
   시작코    10코
   1～5단    늘림 및 줄임 없음
   6단        한 코 늘림
3. 펠트를 넣고 막는다.
4. 손잡이(흰색)를 만든다.
   시작코    3코
   1～2단    늘림 및 줄임 없음
   아무것도 넣지 않고 막는다.
5. 손잡이(갈색)를 만든다.
   시작코    4코
   1～2단    늘림 및 줄임 없음
   솜을 넣고 막는다.

**실물 크기 백 스티치**

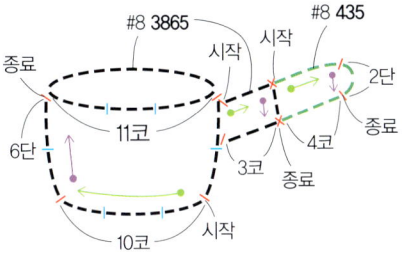

**실물 크기 도안**

백 스티치에
버튼홀 스티치

버튼홀 스티치
#8 435

솜을 넣음

펠트를 넣음

버튼홀 스티치
#8 3865

---

## 20쪽 *i* 핸드믹서

1. 백 스티치로 테두리를 만든다.
2. 시작코   6코
   ① 시작   1단   한 코 늘림
   오른쪽 2～4단   코를 늘리거나 줄이지 않고 2코(a～a')가 됨.
   ① 종료에서 실을 처리한다.
3. a 위치에서 새 실을 빼내어 b'까지 감침질한다.
   b'에서 b로 실을 건넨다.
   ② 시작   1단   한 코 늘려서 3코
   2단       늘림 및 줄임 없음
   3단       한 코 늘려서 4코
   4단       늘림 및 줄임 없음
   ② 종료에서 실을 처리한다.
4. ③ 위치에서 실을 빼내 ③ 시작까지 실을 건넨다.
   5단을 4코 수놓고, c～c'는 백 스티치도 함께 떠서 버튼홀 스티치를 한다.
   5～9단 늘림 및 줄임 없음
5. 손잡이 부분에는 솜을 넣고, 본체에는 펠트를 넣은 후 그 밑에 솜을 채워 막는다.
6. 믹서 부분, 코드를 백 스티치로 수놓는다.
7. 콘센트를 새틴 스티치로 수놓는다.

**실물 크기 백 스티치**

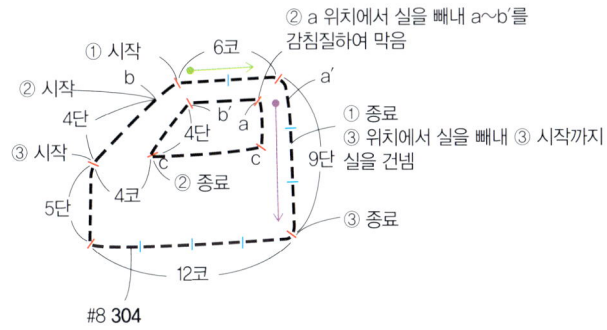

② a 위치에서 실을 빼내 a～b'를
감침질하여 막음

① 종료
③ 위치에서 실을 빼내 ③ 시작까지
9단 실을 건넴

**실물 크기 도안**

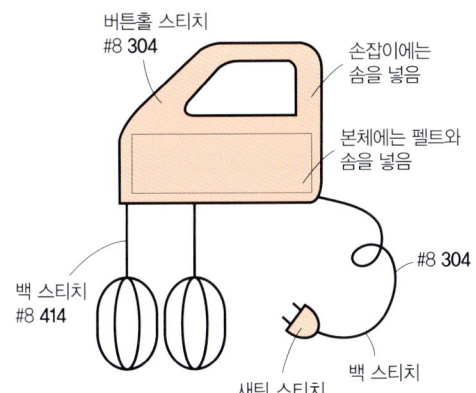

버튼홀 스티치
#8 304

손잡이에는
솜을 넣음

본체에는 펠트와
솜을 넣음

#8 304

백 스티치
#8 414

백 스티치

새틴 스티치

## 21쪽 *17* 앞치마

시판 앞치마에 수를 놓는다.
캐서롤(냄비) 자수 방법은 85쪽
※캐서롤 색깔은 #8 **600**(본체 분홍색)
　　　　　　　#8 **413**(손잡이 회색)
포트 자수 방법은 84쪽
밀크팬 자수 방법은 87쪽

## 21쪽 *18* 냄비잡이(주방장갑)

미튼(주방장갑) 자수 방법은 83쪽
(자수 방법은 83쪽과 같음. 색깔만 변경함)

**실물 크기 도안**

#8 **309** ⎫ 버튼홀 스티치를
#8 **3865** ⎭ 번갈아 수놓음

솜을 넣음

#8 **309**(2)로
고리를 만듦

#8 **309**(2)로
버튼홀 스티치

## 22쪽 *a* 바구니

1. 펠트를 2장 겹친다.
2. 뚜껑, 본체를 따로따로 세로 11줄의 실을 걸치기한 후 펠트를 고정한다.
3. 세로실에 가로실을 번갈아 통과시킨다.
   왼쪽에서 시작하여 오른쪽 끝까지 진행하면 천을 살짝만 뜨고 바로 밑으로 바늘을 빼낸다. 이를 반복하여 전체를 메운다(바늘을 통과시키는 방법은 90쪽 바구니 자수 방법을 참조).
4. 본체와 뚜껑 사이를 아우트라인 스티치로 수놓는다.
5. 손잡이는 체인 스티치에 실을 휘감는다.
6. 잠금쇠 부분을 체인 스티치로 수놓는다.

**실물 크기 도안**

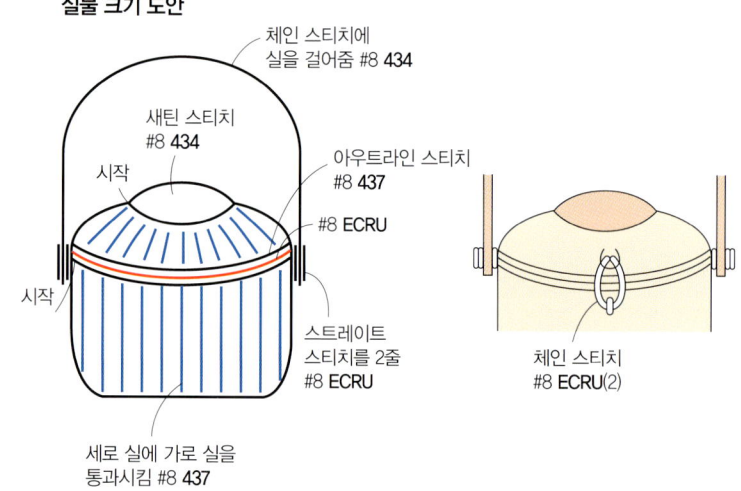

체인 스티치에
실을 걸어줌 #8 **434**

새틴 스티치
#8 **434**

시작

아우트라인 스티치
#8 **437**

#8 ECRU

시작

스트레이트
스티치를 2줄
#8 ECRU

체인 스티치
#8 ECRU(2)

세로 실에 가로 실을
통과시킴 #8 **437**

**형지**

펠트 아래

펠트 위

## 22쪽 *b* 바구니

1. 백 스티치로 테두리를 만든다.
2. 시작코    8코
    1~12단    한 코씩 늘림
    13단        감침질로 테두리를 처리함
3. 8번사로 꼰실을 손잡이를 만들어 백 안쪽에 꿰매 붙인다(꼰실은 40쪽 참조).
4. 입구를 통해 바닥 부분에만 솜을 채워 넣는다.

**실물 크기 백 스티치**

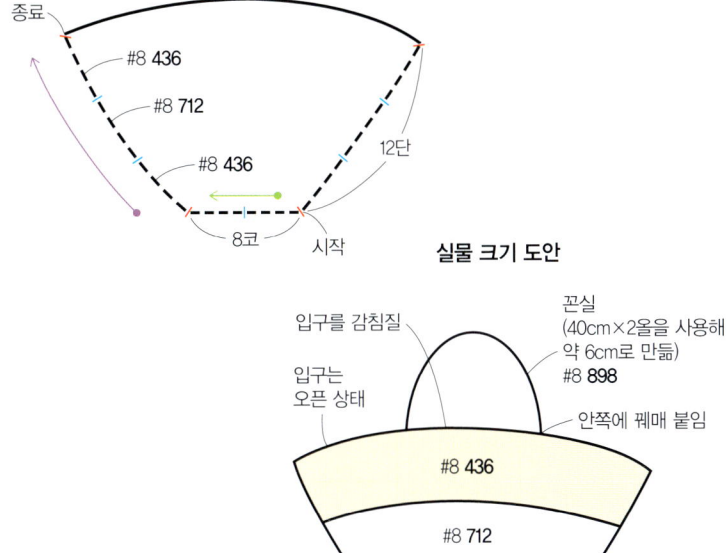

**실물 크기 도안**

---

## 22쪽 *c* 바구니

1. 백 스티치로 테두리를 만든다.
2. 스트레이트 스티치로 세로 실을 건넨다.
3. 중심에서 바늘을 빼내 번갈아 세로 실 아래를 통과시켜 바구니 부분을 만든다.
4. 입구를 체인 스티치로 수놓는다.
5. 꽃 AB를 스파이더 웹 로즈 스티치로 수놓는다.
6. 작은 꽃을 프렌치너트 스티치로 수놓는다.
7. 줄기를 스트레이트 스티치, 잎을 레이지 데이지 스티치로 수놓는다.

**실물 크기 백 스티치**

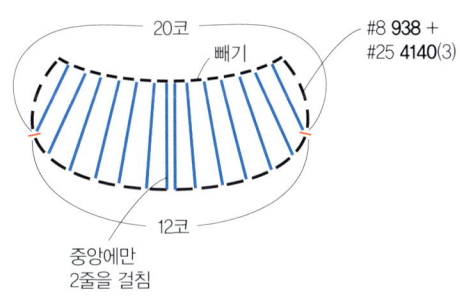

Ⓐ #25 4110(3) 스파이더 웹 로즈 스티치
Ⓑ #25 4170(3) 스파이더 웹 로즈 스티치
○ #25 4220(3) 프렌치 너트 스티치
○ #25 3865(2) 프렌치 너트 스티치
⌒ #25 4045(2) 레이지 데이지 스티치
— #25 4060(1) 스트레이트 스티치
⌒ #8 938+#25 4140(3) 체인 스티치

**실물 크기 도안**

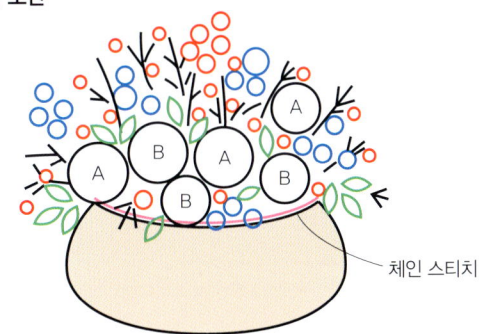

**바구니 부분을 수놓는 방법**

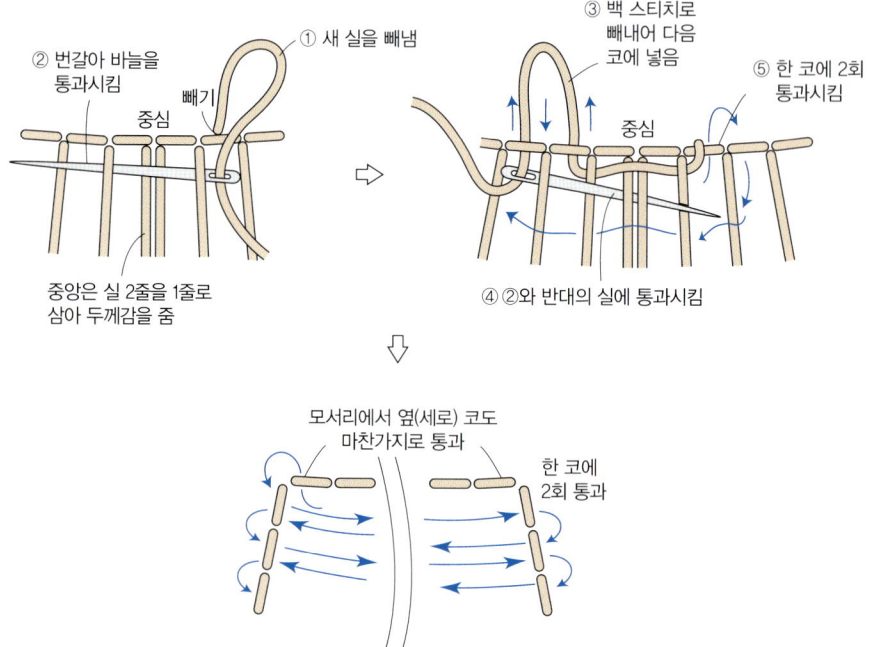

① 새 실을 빼냄

② 번갈아 바늘을 통과시킴

빼기

중심

③ 백 스티치로 빼내어 다음 코에 넣음

⑤ 한 코에 2회 통과시킴

중심

④ ②와 반대의 실에 통과시킴

중앙은 실 2줄을 1줄로 삼아 두께감을 줌

모서리에서 옆(세로) 코도 마찬가지로 통과

한 코에 2회 통과

## 22쪽 *d* 바구니

고리 형태를 만들면서 수를 놓고 난 후 실을 잘라 가지런히 다듬어주면 마치 털과 같은 질감의 자수가 완성됩니다. 이를 스미르나 스티치라고 합니다. 이런 방법으로 백 둘레를 수놓으면 퍼(Fur)로 테두리를 장식한 것처럼 보이지요.

**실물 크기 도안**

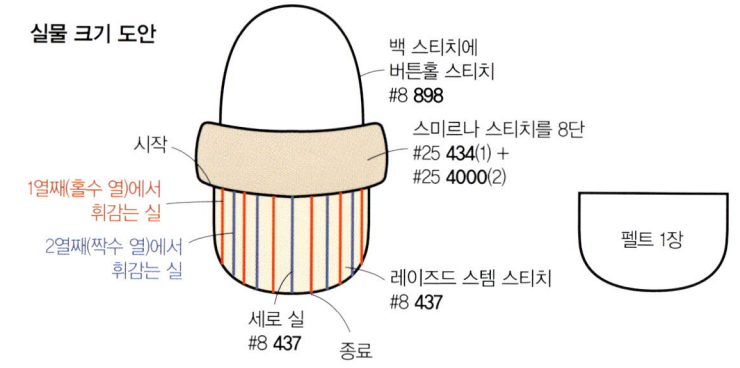

백 스티치에 버튼홀 스티치 #8 **898**

스미르나 스티치를 8단 #25 **434**(1) + #25 **4000**(2)

시작

1열째(홀수 열)에서 휘감는 실

2열째(짝수 열)에서 휘감는 실

세로 실 #8 **437**

레이즈드 스템 스티치 #8 **437**

종료

펠트 1장

**백을 수놓는 방법**

1. 펠트를 천에 얹어 세로로 11줄의 실을 걸치기한 후 고정한다.

2. 새 실을 사용해 오른쪽을 향해 레이즈드 스템 스티치로 세로실 1줄 걸러 수를 놓아간다.
   이때 천은 살짝 뜬다.

3. 2열째는 1열째 바로 아래로 실을 빼내서 1열째와 번갈아 가면서 레이즈드 스템 스티치로 수놓는다(39쪽 참조).

4. 2와 3을 반복하여 틈이 생기지 않게 메우는 형태로 전체를 수놓는다(약 13~14단).

*1* 백 가장자리에 바늘을 넣고 왼쪽으로 반 땀 위치에서 바늘을 빼냅니다. 실 끝은 겉에 그대로 남겨 둡니다.

*2* 오른쪽으로 한 땀 진행하고, 반 땀 되돌아오는 실은 확실하게 옆으로 당깁니다.

*3* 오른쪽으로 한 땀 진행하고, 반 땀 되돌아오는 실은 살짝 밑으로 처지게 해서 고리 형태가 되게 합니다.

*4* 고리를 유지한 상태로 오른쪽으로 한 땀 진행하고, 반 땀 되돌아오는 실은 확실하게 옆으로 당깁니다.

*5* 마찬가지로 고리 형태를 유지하면서 5회를 기준으로 수놓습니다. 마지막에는 실 끝을 남겨 놓고 자릅니다.

*6* 1열째 바로 위에 2열째의 스미르나 스티치를 합니다. 고리 형태의 실이 같아지도록 하세요.

*7* 마찬가지로 여러 열을 수놓아 도안을 메웁니다(사진은 8열). 손잡이를 수놓습니다.

*8* 고리 형태로 된 부분을 가위로 잘라 줍니다.

*9* 고리가 잘린 모습입니다.

*10* 원하는 길이로 실을 잘라 가지런히 다듬어 줍니다. 천이나 다른 자수실이 잘리지 않도록 주의하세요.

*11* 3~4mm 길이로 잘랐습니다. 손가락으로 살살 만져 실을 풀어 줍니다.

완성

## 22쪽 *e* 바구니

1. 백 스티치로 테두리를 만든다.
2. 펠트를 임시 고정한다.
3. 입구 부분을 스트레이트 스티치로 수놓는다.
4. 시작 위치의 백 스티치에서 바늘을 빼내 스트레이트 스티치에 통과시켜 바닥 쪽으로 바늘을 넣는다. 이를 3회 반복한다.
5. 두 코 아래 백 스티치에서 바늘을 빼내 4의 실 밑을 지나 스트레이트 스티치에 통과시켜 바닥 쪽으로 바늘을 넣는다. 이를 3회 반복한다.
6. 마찬가지 방법으로 앞서 만들어진 실과 스트레이트 스티치를 번갈아 통과시키면서 총 5열을 수놓는다.
7. 손잡이를 체인 스티치로 수놓는다.

**실물 크기 도안**

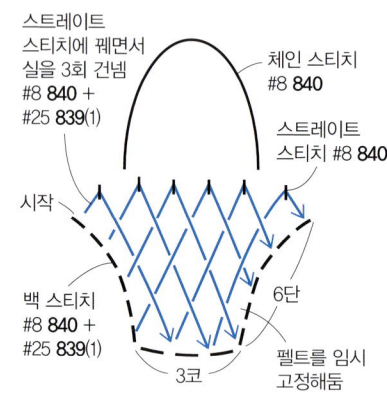

스트레이트 스티치에 꿰면서 실을 3회 건넴 #8 840 + #25 839(1)

체인 스티치 #8 840

스트레이트 스티치 #8 840

시작

백 스티치 #8 840 + #25 839(1)

6단

3코

펠트를 임시 고정해둠

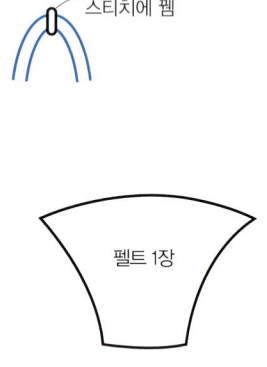

스트레이트 스티치에 꿴

펠트 1장

---

## 22쪽 *f* 바구니

1. 백 스티치로 테두리를 만든다.
2. 시작코    11코
   1～5단    실만을 떠서 버튼홀 스티치
   양 끝은 세로 백 스티치에 바늘을 통과시키면서 왕복
   한 코씩 줄임
3. 6코를 막는다.
4. 손잡이는 우드비즈를 꿴 실을 걸치기 한 후 실만을 떠서 버튼홀 스티치로 수놓는다.
   우드비즈를 피해 나머지 부분도 수놓는다.
5. 바닥을 스트레이트 스티치로 수놓는다.

**실물 크기 백 스티치**

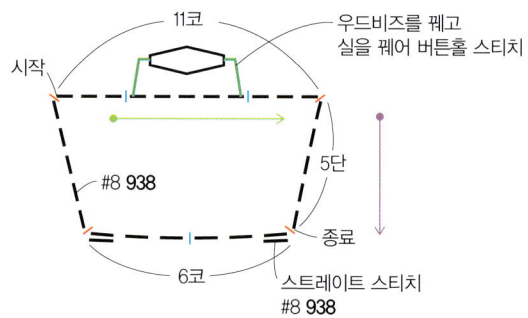

11코

우드비즈를 꿰고 실을 꿰어 버튼홀 스티치

시작

#8 938

5단

종료

6코

스트레이트 스티치 #8 938

---

## 22쪽 *g* 바구니

1. 백 스티치로 테두리를 만든다.
2. 시작코    8코
   1～8단    실론 스티치로 코를 늘리거나 줄이지 않고 진행한다.
3. 펠트를 넣고 막는다.
4. 손잡이와 바구니 테두리를 체인 스티치로 수놓는다.

**실물 크기 백 스티치**

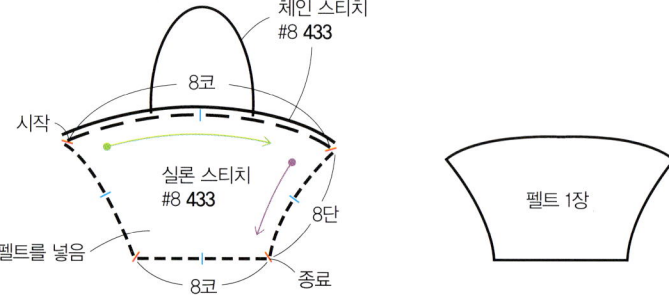

체인 스티치 #8 433

8코

시작

실론 스티치 #8 433

8단

펠트를 넣음

8코

종료

펠트 1장

## ● 실론 스티치(Ceylon Stitch) 하는 방법

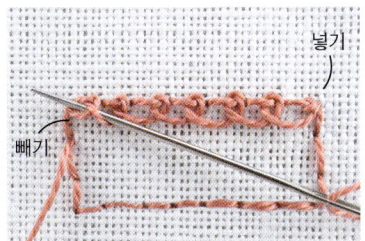

*1* 테두리를 백 스티치로 수놓은 후 위에 버튼홀 스티치를 하여 시작코를 잡습니다. 모서리에서 바늘을 넣어 천 뒷면으로 실을 걸치기한 후 첫째 단과 둘째 단 사이로 바늘을 빼냅니다. 시작코가 교차하는 2가닥을 가로로 뜹니다.

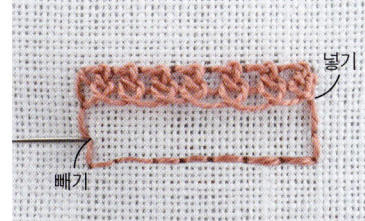

*2* 교차하는 2가닥을 가로로 떠서 첫째 열을 마쳤습니다. 바늘을 넣고 둘째 단과 셋째 단 사이로 바늘을 빼냅니다.

*3* 마찬가지로 교차하는 실을 떠서 셋째 단 모서리에 바늘을 넣고 반대쪽 모서리로 바늘을 빼냅니다. 스티치가 끝났습니다.

*4* 아랫부분을 막아줍니다. 백 스티치를 밑에서부터 뜹니다.

*5* 교차하는 2가닥을 가로로 뜹니다.

*6* 4와 5를 반복하여 막습니다. 마지막에는 천 뒷면으로 바늘을 빼내 백 스티치에 실을 얽어 처리합니다.

---

## 23쪽 *19* 바구니 커버

시중에서 구할 수 있는 바구니 커버에 수를 놓는다.
바구니 자수 방법은 88쪽

---

## 24쪽 *a* 백

1. 백 스티치로 테두리를 만든다.
2. 시작코    10코
   1～5단    늘림 및 줄임 없음
3. 펠트를 2장 넣고 막는다.
4. 리본 장식을 만든다.
   스트레이트 스티치를 수놓고 중앙을 매듭지어 참을 꿰매 붙인다.
5. 손잡이를 체인 스티치로 수놓는다.

**실물 크기 백 스티치**

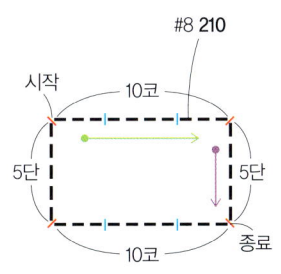

**실물 크기 도안**

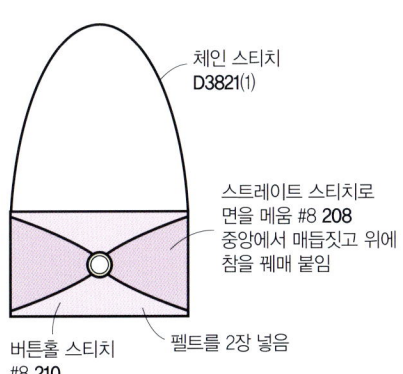

체인 스티치
D3821(1)

스트레이트 스티치로 면을 메움 #8 208
중앙에서 매듭짓고 위에 참을 꿰매 붙임

버튼홀 스티치
#8 210

펠트를 2장 넣음

## 24쪽 *b* 백

1. 백 스티치로 테두리를 만든다.
2. 시작코    11코
   1~7단    한 코씩 늘림
3. 솜을 넣고 한 코에 2회씩 바늘을 넣어서 막는다.
4. 프레임을 수놓는다.
   시작코    8코
   1단    한 코 늘림
5. 아무것도 넣지 않고 막는다.
6. 비즈를 꿰매 붙인다.

※ 새틴사(레이온 100%의 광택사)는 25번 자수실과 마찬가지로 6올 중 1올을 빼서 사용한다.

**실물 크기 백 스티치**

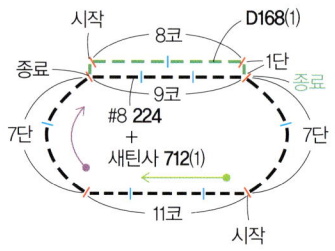

**실물 크기 도안**

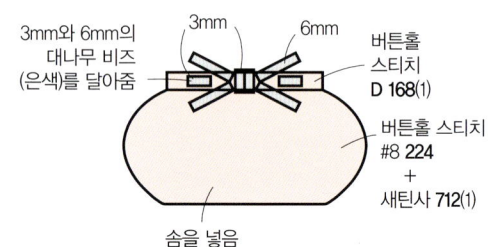

## 24쪽 *c* 백

1. 펠트 2장을 겹쳐서 임시 고정한다.
2. 스트레이트 스티치로 실을 가지런히 맞춰 비스듬히 수놓는다.
3. 반대편 대각선에 스트레이트 스티치를 한다.
4. 스트레이트 스티치 아래를 번갈아 통과시키면서 6~7열 수놓는다(44쪽 참조).
5. 손잡이의 왁스코드를 꿰매 붙인 후 비즈를 달아준다.

**실물 크기 도안**

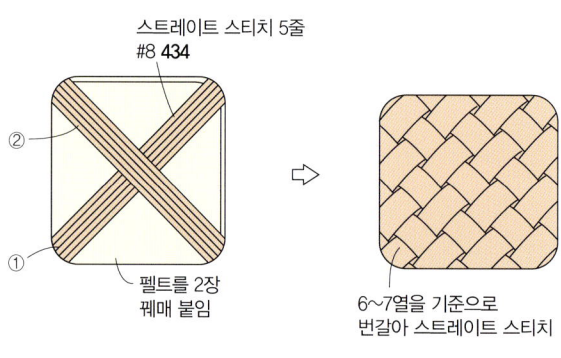

## 24쪽 *d* 백

1. 왁스코드를 임시 고정한다.
2. 왁스코드 위에서 백 스티치로 테두리를 만든다.
3. 시작코   6코
   1~6단   한 코씩 늘림
   7~12단   한 코씩 줄임
   13단   12단째에서 다시 한 단을 코를 늘리거나 줄이지 않고 수놓음
4. 펠트 대소를 겹쳐서 넣고 막는다.
5. 비즈를 꿰매 붙인다.

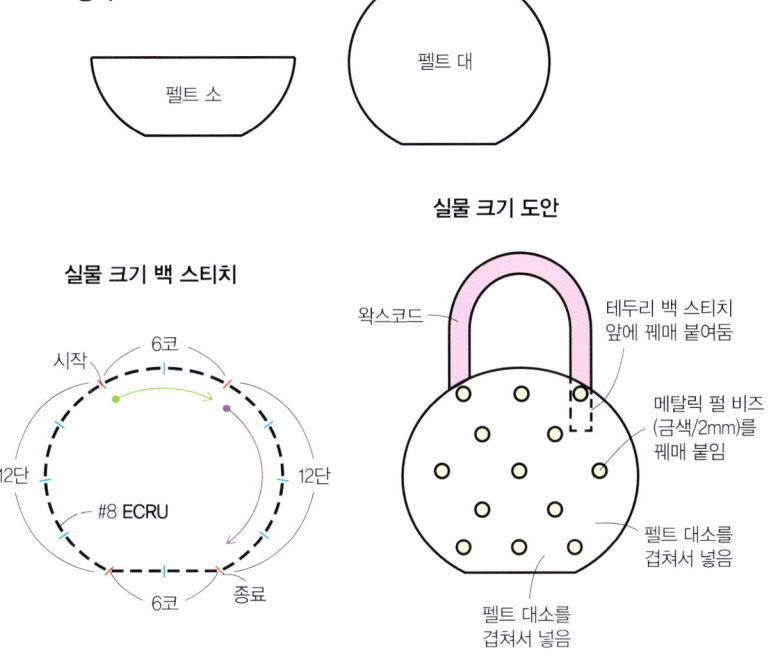

**형지**

펠트 소

펠트 대

**실물 크기 백 스티치**

시작
6코
12단
12단
#8 ECRU
6코
종료

**실물 크기 도안**

왁스코드

테두리 백 스티치 앞에 꿰매 붙여둠

메탈릭 펄 비즈 (금색/2mm)를 꿰매 붙임

펠트 대소를 겹쳐서 넣음

펠트 대소를 겹쳐서 넣음

---

## 24쪽 *e* 백

1. 가방색에 맞춰 실의 색을 바꾸며 백 스티치로 테두리를 만든다.
2. 시작코   16코
   1~6단   한 코씩 줄임(녹색)
   색을 바꾼다.
   7~9단   한 코씩 줄임(황록색)
   10단   9단째에 다시 한 단을 코를 늘리거나 줄이지 않고 수놓는다.
3. 펠트 대소를 겹쳐서 넣고 막는다.
4. 노란색 비즈를 꿰매 붙인 후 둘레에 흰색 비즈 7개를 꿰매 붙여 꽃 모양을 만든다.
5. 손잡이를 체인 스티치로 수놓고 실을 감아주는 휘프트 체인 스티치를 한다.

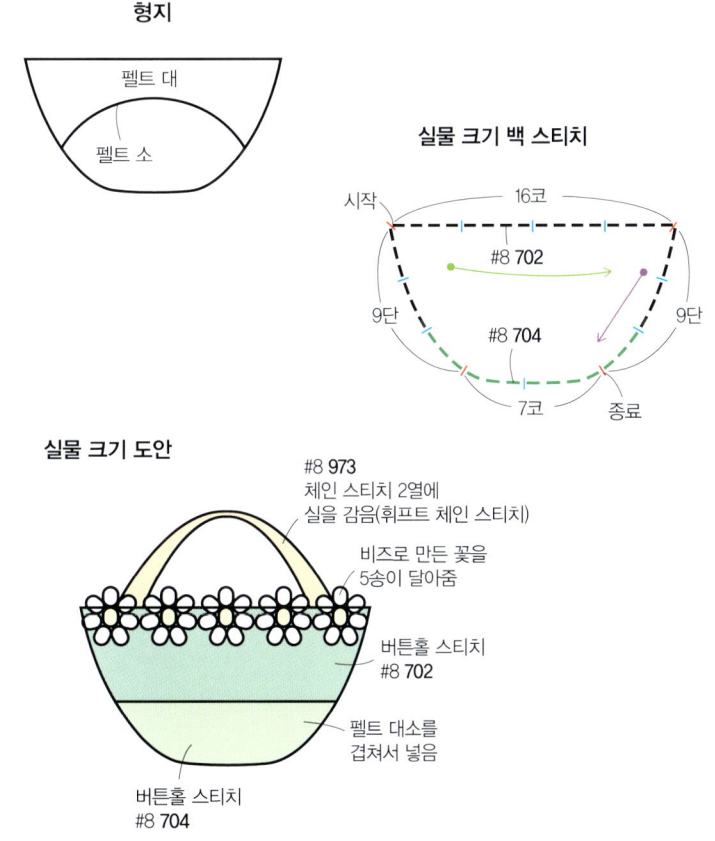

**형지**

펠트 대

펠트 소

**실물 크기 백 스티치**

시작
16코
#8 702
9단
9단
#8 704
7코
종료

**실물 크기 도안**

#8 973 체인 스티치 2열에 실을 감음(휘프트 체인 스티치)

비즈로 만든 꽃을 5송이 달아줌

버튼홀 스티치 #8 702

펠트 대소를 겹쳐서 넣음

버튼홀 스티치 #8 704

# 24쪽 *f* 백

수놓은 백의 본체에 세로로 실을 걸치기한 후 그 실을 뜨면서 수놓으면 볼록하게 도드라진 벨트가 완성됩니다.

### 실물 크기 백 스티치

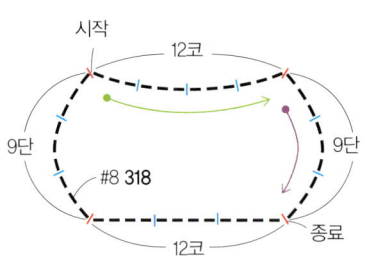

### 실물 크기 도안

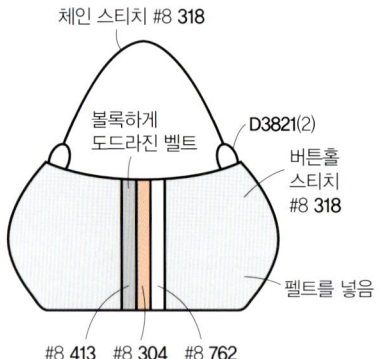

### 백을 수놓는 방법

1. 백 스티치로 테두리를 만든다.
2. 시작코    12코
   1~5단    한 코씩 늘림
   6~9단    한 코씩 줄임
   10단       9단째에 다시 한 단
   한 코를 줄여서 수놓는다.
3. 펠트를 넣고 막는다.
4. 손잡이를 체인 스티치로 수놓는다.

*1* 백 모양 입체자수를 만들고 손잡이를 수놓습니다.

*2* 8번 자수실 1올을 사용해 아래서 바늘을 빼내어 위에서 한 땀 천을 떠서 실을 건넵니다.

*3* 건넨 실 아래로 바늘을 통과시켜 실을 걸면서 버튼홀 스티치를 합니다.

*4* 간격을 벌리지 않고 버튼홀 스티치를 하여 볼록하게 도드라진 벨트를 만듭니다.

*5* 다음으로 사용할 색깔의 자수실을 2와 마찬가지로 건넵니다.

*6* 4에서 만든 벨트의 버튼홀 스티치와 건넨 실을 뜨면서 마찬가지로 버튼홀 스티치를 합니다.

*7* 세 번째 색도 마찬가지로 실을 걸치기한 후 버튼홀 스티치를 합니다.

*8* 마지막은 실을 천 뒷면으로 빼내어 백 스티치 실에 몇 차례 얽고 나서 실을 처리합니다.

## 24쪽 *g* 백

1. 백 스티치로 테두리를 만든다.
2. 본체를 만든다.
   시작코　　12코
   1～6단　　늘림 및 줄임 없음
3. 펠트를 2장 넣고 막는다.
4. 뚜껑을 만든다.
   시작코　　10코
   1～3단　　늘림 및 줄임 없음
   4～5단　　한 코씩 늘림
   4코를 감침질한다.
   4코의 버튼홀 스티치만을 떠서
   코를 늘리거나 줄이지 않고 3단을 수놓
   는다.
   나머지 4코를 감침질하여 막는다.
5. 손잡이는 실을 걸치기한 후 실만을 뜨
   면서 버튼홀 스티치를 한다.
6. 비즈와 참을 꿰매 붙인다.

**실물 크기 백 스티치**

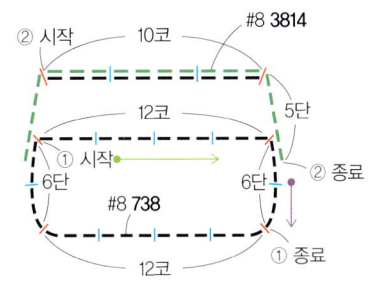

**실물 크기 도안**

## 24쪽 *b* 백

1. 가방 색에 맞추어 색을 바꿔 백 스티치로 테
   두리를 만든다.
2. 왼쪽의 회색 부분을 만든다.
   시작코　6코 손잡이용 링을 함께 꿰매 붙임
   1단　　　늘림 및 줄임 없음
   2단　　　한 코 줄임
   3단　　　늘림 및 줄임 없음
   4단　　　한 코 줄임
   5단　　　늘림 및 줄임 없음
   6단　　　한 코 줄임
   7단　　　늘림 및 줄임 없음
   8단　　　한 코 줄임
   9단　　　늘림 및 줄임 없음
   10단　　한 코 줄임
3. 솜을 넣고 한 코를 막는다.
4. 오른쪽 분홍색 부분을 만든다.
   시작코　16코
   링을 함께 꿰매 붙임
   1～10단　한 코씩 줄임
5. 펠트를 넣고 그 밑에 솜을 채워 넣는다.
   3코에 2회씩 바늘을 넣어 막는다.
6. 참을 꿰매 붙인다.

**실물 크기 백 스티치**

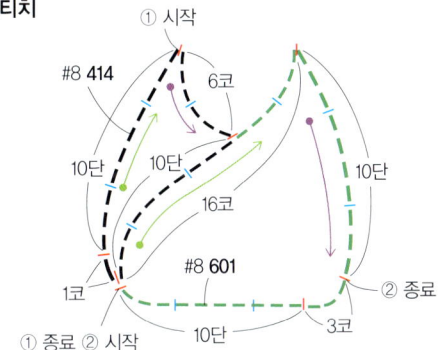

**실물 크기 도안**

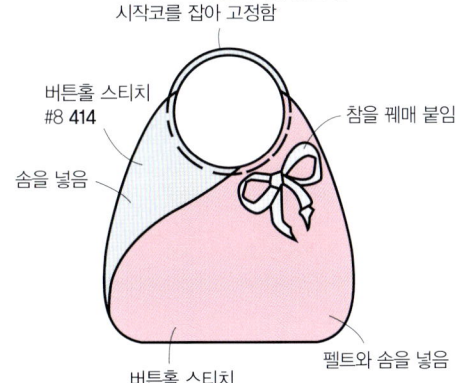

## 24쪽 *i* 백

1. 백 스티치로 테두리를 만든다.
2. 시작코    16코
   1~10단   늘림 및 줄임 없음
3. 펠트를 2장 넣고 막는다.
4. 벨트를 수놓는다(96쪽 참조).
5. 위 손잡이를 백 스티치와 버튼홀 스티치로 수놓는다.
6. 옆 손잡이는 실을 걸치기한 후 실만을 뜨면서 버튼홀 스티치로 수놓는다.
7. 바퀴를 새틴 스티치로 수놓는다.

**실물 크기 백 스티치**

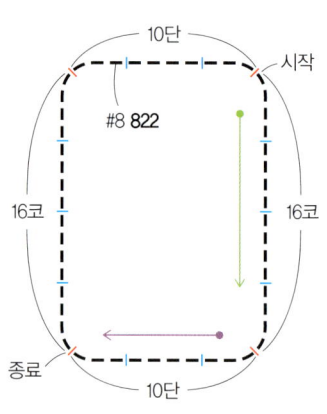

**실물 크기 도안**

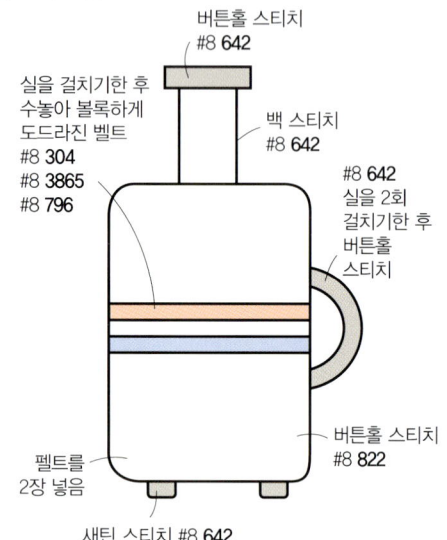

---

## 25쪽 *20* 트렁크 모양의 참

1. 펠트를 3장 겹친다.
2. 코 수대로 버튼홀 스티치로 꿰맨다.
   둘레 부분 버튼홀 스티치는 1올을 사용,
   1~10단의 버튼홀 스티치는 2올을 사용해서 수놓는다.
   1~9단    늘림 및 줄임 없음
   10단     9단째에서 다시 한 단을 코를 늘리거나 줄이지 않고 수놓는다.
   이것을 2개 만든다.
3. 손잡이를 만든다.
   #26의 공예용 와이어를 형지에 맞춰 구부린다.
   끝을 구부려서 고정
   전체에 접착제를 발라 실을 감는다.
   그 위에 버튼홀 스티치를 한다.
4. 손잡이와 메탈 비즈를 각각 끼워 본체 2개를 맞대어 감친다.
5. 벨트를 만든다.
   실을 한 바퀴 감아 뜬 상태가 되게 한 후 실만을 떠서 버튼홀 스티치를 한다(96쪽 참조).
6. 옆 손잡이를 버튼홀 스티치로 만든다.
7. 참을 꿰매 붙인다.

**재료**

펠트(하늘색) 너비 15cm×길이 8cm
8번 자수실 **747 823 840 907**
공예용 와이어(#26/흰색) 1개
메탈 비즈(5mm/금색) 2개
참 1개

**실물 크기 버튼홀 스티치**

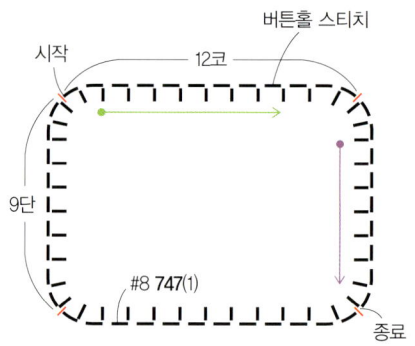

**실물 크기 형지**

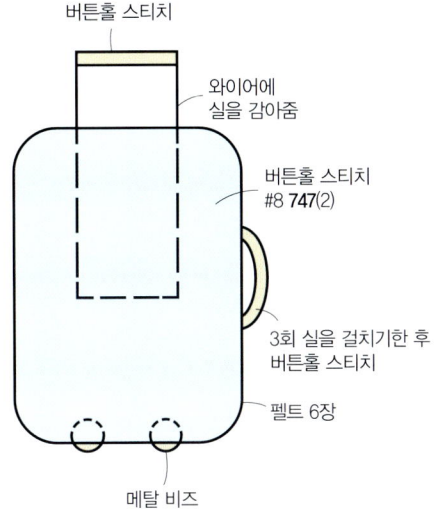

버튼홀 스티치

와이어에
실을 감아줌

버튼홀 스티치
#8 **747**(2)

3회 실을 걸치기한 후
버튼홀 스티치

펠트 6장

메탈 비즈

1.

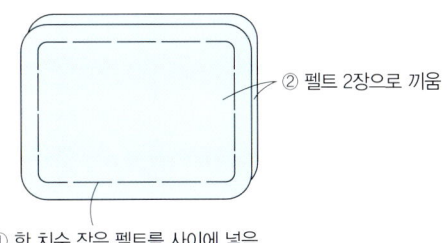

② 펠트 2장으로 끼움

① 한 치수 작은 펠트를 사이에 넣음

2.

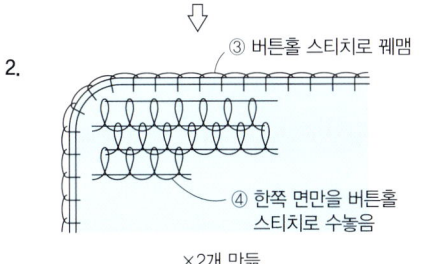

③ 버튼홀 스티치로 꿰맴

④ 한쪽 면만을 버튼홀
스티치로 수놓음

×2개 만듦

3.

손잡이

② 접착제를
발라 실
#8 **840**을
감아줌

③ 위에만
버튼홀 스티치
#8 **840**(2)

① 형지에 맞춰 와이어를
구부려 고정

4.

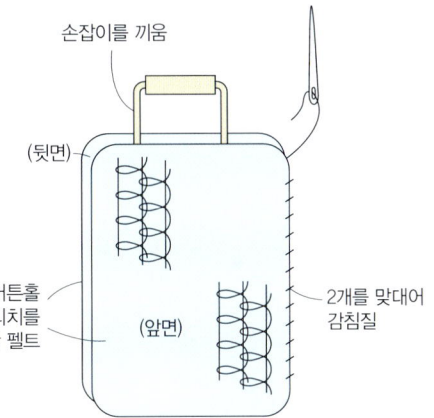

손잡이를 끼움

(뒷면)

버튼홀
스티치를
한 펠트

(앞면)

2개를 맞대어
감침질

메탈비즈를 끼움

5.

③ 실만을 떠서
버튼홀 스티치

② 한 바퀴
감아줌

① 빼기

6.

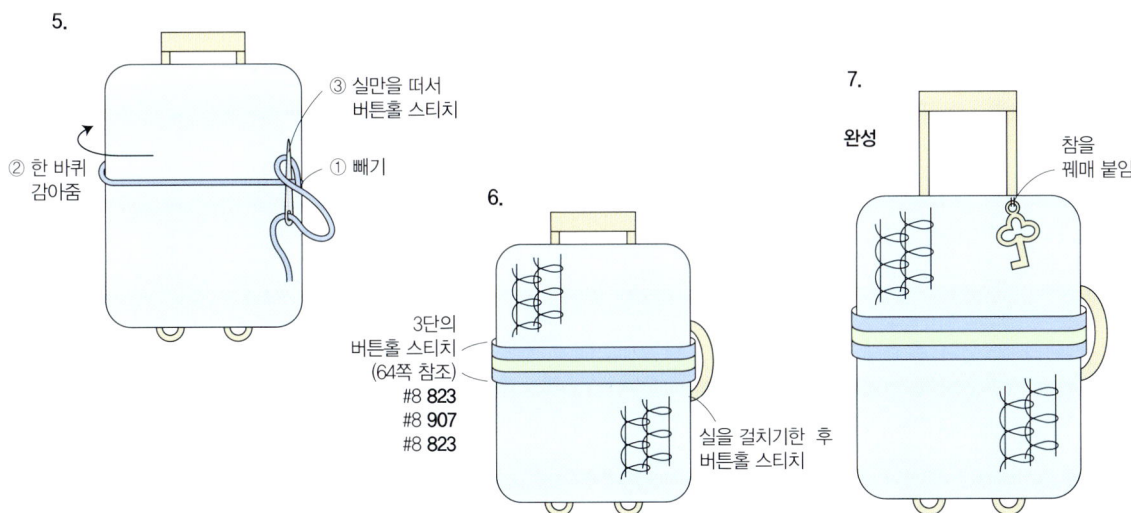

3단의
버튼홀 스티치
(64쪽 참조)
#8 **823**
#8 **907**
#8 **823**

실을 걸치기한  후
버튼홀 스티치

7.

**완성**

참을
꿰매 붙임

# 25쪽 *21* 백 모양의 참

펠트에 솜을 채워 넣어 토대를 만든 후 수를 놓으면 완전한 입체 백을 만들 수 있습니다.

### 재료

펠트(분홍색) 폭 5cm×길이 6cm
8번 자수실 224
끈(너비 5mm) 7cm
메탈릭 펄 비즈(금색/2mm) 2개
고리 달린 스트랩 1개
솜 필요한 만큼

**실물 크기 버튼홀 스티치**

**실물 크기 형지**

펠트 1장

시작
버튼홀 스티치
8코
9단
#8 224
9단
골선

폭 5mm의 끈
비즈를 꿰매 붙임
토대가 되는 펠트 안에 솜을 채워 넣음
버튼홀 스티치 #8 224

※이해하기 쉽도록 다른 색깔의 실과 펠트를 사용하고 있습니다.

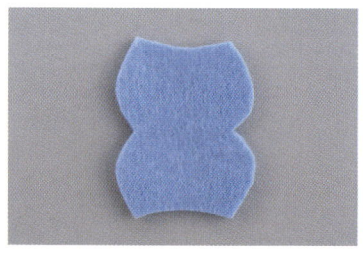

*1* 펠트를 형지대로 자릅니다.

*2* 펠트를 절반으로 접고 가장자리에서 부터 지정한 코 수만큼 버튼홀 스티치를 하여 도중까지 꿰매줍니다.

*3* 솜을 넣습니다. 솜을 살짝 동그랗게 뭉친 후 꿰매지 않고 남겨 뒀던 부분을 통해 채워 넣어 주세요.

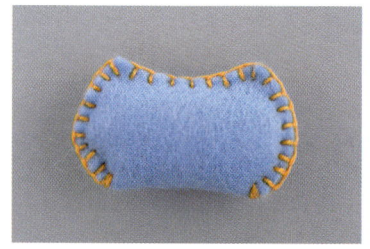

*4* 남겨 뒀던 부분을 버튼홀 스티치로 막고, 옭매듭을 한 후 바늘을 안으로 넣어 통과시킨 뒤 실을 자릅니다.

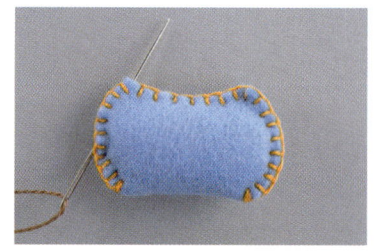

*5* 시작코를 잡습니다. 먼저 50cm 정도의 실을 준비해 펠트 사이에 바늘을 넣어 왼쪽 위 시작 위치로 바늘을 빼냅니다.

*6* 윗변 버튼홀 스티치를 떠서 실을 바늘에 건 후 실을 당깁니다.

7 시작코를 8코 잡고 마지막에 바늘을 바깥쪽으로 빼냅니다.

8 첫째 단의 버튼홀 스티치에 바늘을 넣습니다.

9 왼쪽편 첫째 단에 바늘을 넣어 가로로 실을 건넵니다.

10 시작코의 버튼홀 스티치와 가로로 건넨 실을 떠서 버튼홀 스티치를 합니다.

11 실이 짧아지면 오른쪽 가장자리에서 처리합니다. 펠트 사이에 바늘을 넣고 펠트 사이에서 바늘을 빼냅니다.

12 매듭을 한 후 펠트 안에 바늘을 넣어 바닥으로 빼냅니다. 실을 세게 잡아당겨 매듭이 펠트 안으로 쏙 들어가게 한 후 실을 자릅니다.

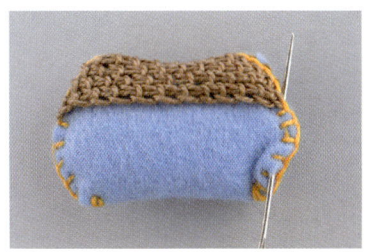

13 새 실을 준비하여 매듭을 합니다. 오른쪽 펠트 사이로 바늘을 넣어 자수를 다시 시작할 위치에서 바늘을 빼냅니다.

14 실을 가로로 건넨 후 마찬가지로 9단을 수놓습니다.

15 9단까지 수놓은 상태입니다. 바닥 부분은 오픈되어 있습니다.

16 마지막에는 같은 단(9단)에 다시 한 번 실을 건네 10단째를 수놓습니다. 매듭을 하고 실을 자릅니다.

17 이번에는 뒷면을 수놓습니다. 왼쪽 위에서부터 바늘을 빼내 시작코를 잡아주고 실을 바깥쪽으로 빼냅니다.

18 첫째 단에 실을 가로로 건넵니다.

*19* 마찬가지로 10단까지 버튼홀 스티치를 합니다. 실은 잘라내지 않고 그대로 둡니다.

*20* 바닥에서 앞면의 백 스티치를 떠서 함께 감침질합니다.

*21* 오픈 상태였던 바닥이 꿰매졌습니다. 이로써 본체 완성입니다.

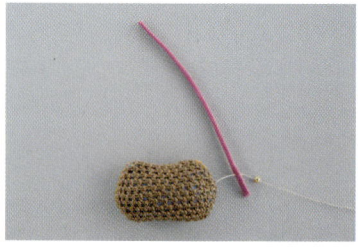

*22* 재봉틀용 실 등 튼튼한 실을 2가닥 사용해 끈과 비즈를 꿰입니다.

*23* 펠트의 곡선을 따라 보이지 않도록 끈을 옆에 꿰매 붙입니다.

완성

---

## 25쪽 *22* 백 모양의 참

**재료**
펠트(분홍색) 너비 5cm×길이 6cm
8번 자수실 309
금사 D3821
참 1개
솜 필요한 만큼

1. 100쪽을 참조하여 백 본체를 만든다.
2. 손잡이를 만든다.
   실을 3줄 걸치한(1왕복 반) 후 실만을 뜨면서 버튼홀 스티치를 한다.
   본체와 끈 연결 부위에 실을 감는다.
3. 참 장식을 꿰매 붙인다.

**실물 크기 버튼홀 스티치**

버튼홀 스티치
시작
8코
9단
#8 309
9단
골선

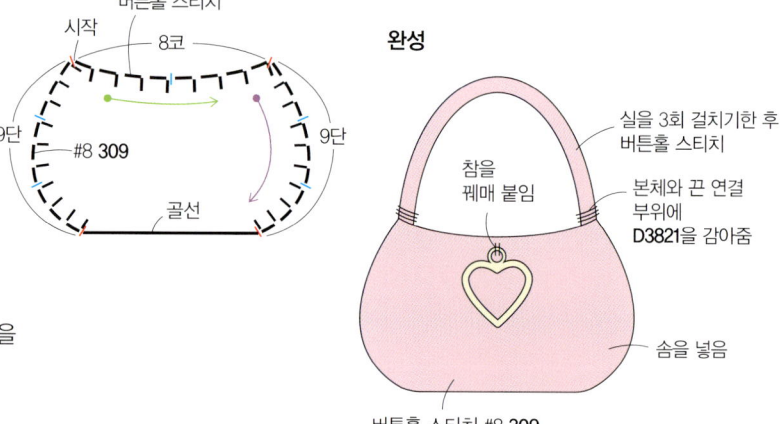

완성

실을 3회 걸치기한 후 버튼홀 스티치
참을 꿰매 붙임
본체와 끈 연결 부위에 D3821을 감아줌
솜을 넣음
버튼홀 스티치 #8 309

# 25쪽 23, 24 백 모양의 참

**재료**

펠트(22 갈색, 23 보라색)
너비 5cm×길이 6cm
8번 자수실 22(갈색) 840,
23(보라색) 340
링(지름 1.5cm/은색) 1개
비즈(22), 참(23) 필요한 만큼
솜 필요한 만큼
고리 달인 스트랩 1개

1. 100쪽을 참조하여 백 본체를 만든다.
2. 손잡이를 만든다.
   실을 3줄 걸치기한(1왕복 반) 후 실만을
   뜨면서 버튼홀 스티치를 한다.
   본체와 끈 연결 부위에 실을 감는다.
3. 참 장식을 꿰매 붙인다.

**실물 크기 버튼홀 스티치**

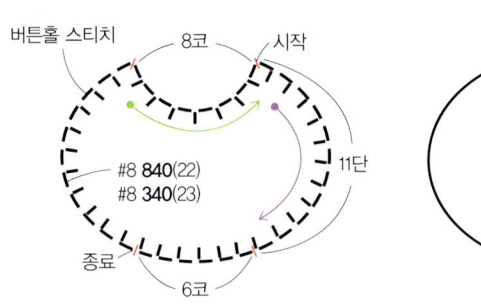

버튼홀 스티치  8코  시작
#8 840(22)
#8 340(23)
11단
종료  6코

**실물 크기 형지**

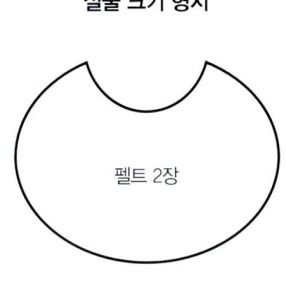

펠트 2장

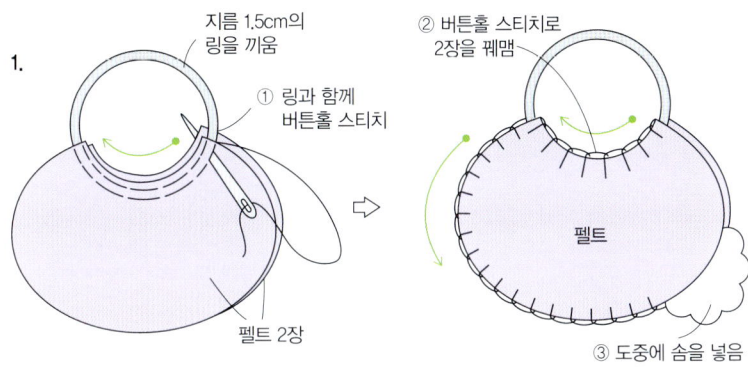

**1.**

지름 1.5cm의
링을 끼움

① 링과 함께
버튼홀 스티치

펠트 2장

② 버튼홀 스티치로
2장을 꿰맴

펠트

③ 도중에 솜을 넣음

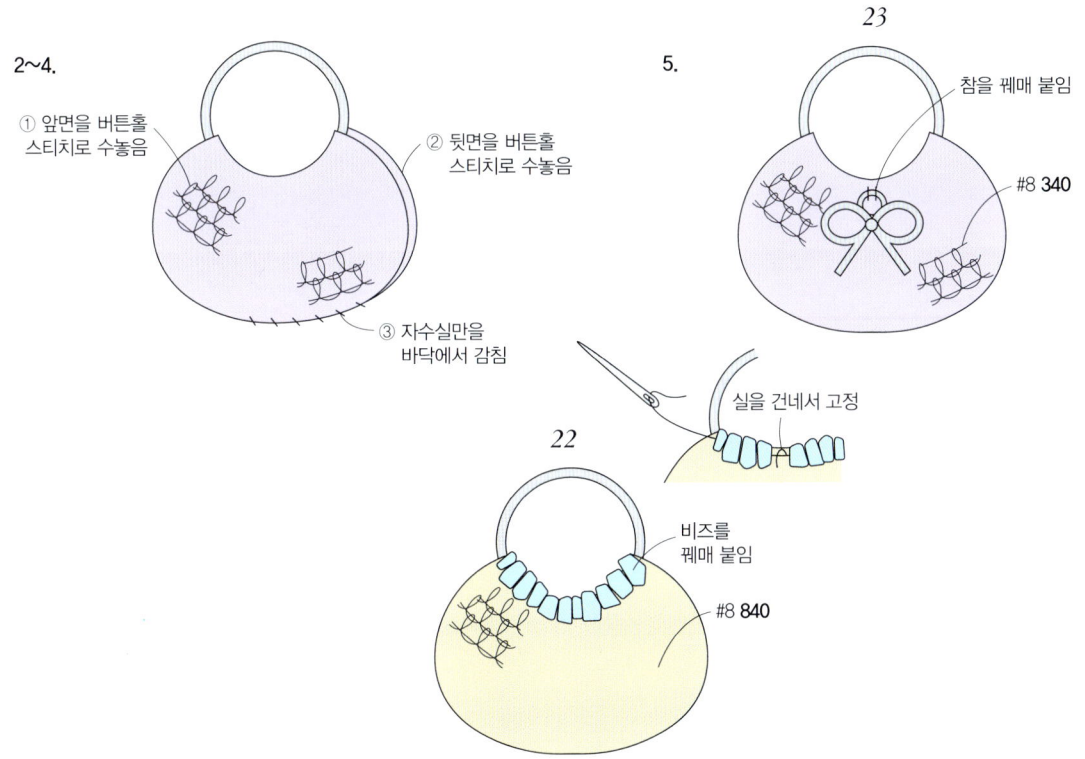

**2~4.**

① 앞면을 버튼홀
스티치로 수놓음

② 뒷면을 버튼홀
스티치로 수놓음

③ 자수실만을
바닥에서 감침

**5.**

**23**

참을 꿰매 붙임

#8 340

실을 건네서 고정

**22**

비즈를
꿰매 붙임

#8 840

## 26쪽 *a* 향수

1. 백 스티치로 테두리를 만든다.
2. 뚜껑을 만든다.

   시작코　5코

   1~3단　늘림 및 줄임 없음

   펠트를 넣고 막는다.
3. 향수를 만든다.

   시작코　5코

   1~3단　한 코씩 늘림

   4단　　한 코 줄임

   5~7단　늘림 및 줄임 없음

   펠트를 넣고 막는다.

4. 병 바깥쪽을 아웃라인 스티치,
   안쪽을 백 스티치로 수놓는다.
5. 리본과 참을 꿰매 붙인다.

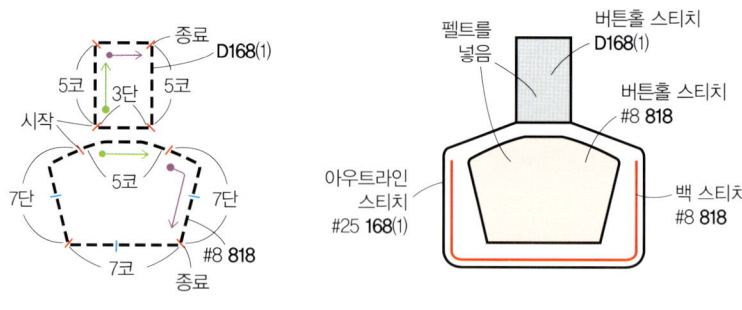

**실물 크기 백 스티치**

**실물 크기 도안**

## 26쪽 *b* 향수

1. 백 스티치로 테두리를 만든다.
2. 뚜껑을 만든다.

   시작코　10코

   1~2단　늘림 및 줄임 없음

   펠트를 넣고 막는다.
3. 향수를 만든다.

   시작코　11코

   1~3단　늘림 및 줄임 없음

   4~6단　한 코씩 줄임

   펠트를 넣고 막는다.

4. 병 바깥쪽을 아웃라인 스티치,
   안쪽을 백 스티치로 수놓는다.
5. 참을 꿰매 붙인다.

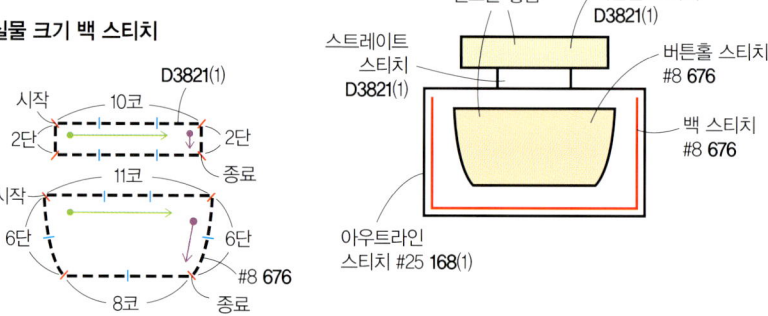

**실물 크기 백 스티치**

**실물 크기 도안**

## 26쪽 *c* 퍼프

1. 백 스티치로 테두리를 만든다.
2. 시작코　4코

   1~3단　한 코씩 늘림

   4단　　늘림 및 줄임 없음

   5~7단　한 코씩 줄임
3. 펠트를 넣고 막는다.
4. 둘레를 스미르나 스티치로 수놓고 실
   을 가지런히 자른다.
5. 리본을 묶고 천에 꿰매 붙여 뒤쪽으로
   빼낸 후 고정한다.

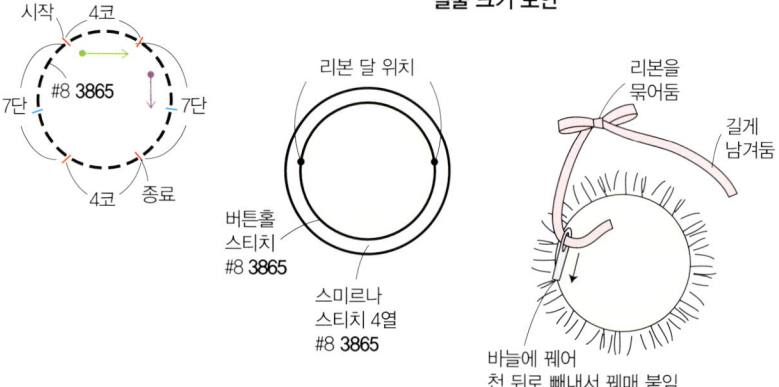

**실물 크기 백 스티치**

**실물 크기 도안**

## 26쪽 *d* 마스카라

1. 백 스티치로 테두리를 만든다.
2. 브러시 쪽 케이스를 수놓는다.
   시작코　7코
   1～4단　늘림 및 줄임 없음
   펠트를 넣고 그 밑에 솜을 채워 막는다.
3. 브러시를 수놓는다.
   축은 아웃라인 스티치, 브러시는 스미르나 스티치로 수놓아 실을 가지런히 자른다.
4. 케이스를 수놓는다.
   시작코　15코
   1～4단　늘림 및 줄임 없음
   펠트를 넣고 그 밑에 솜을 채워 막는다.
5. 메탈릭사를 꿰어 라인을 만든다.

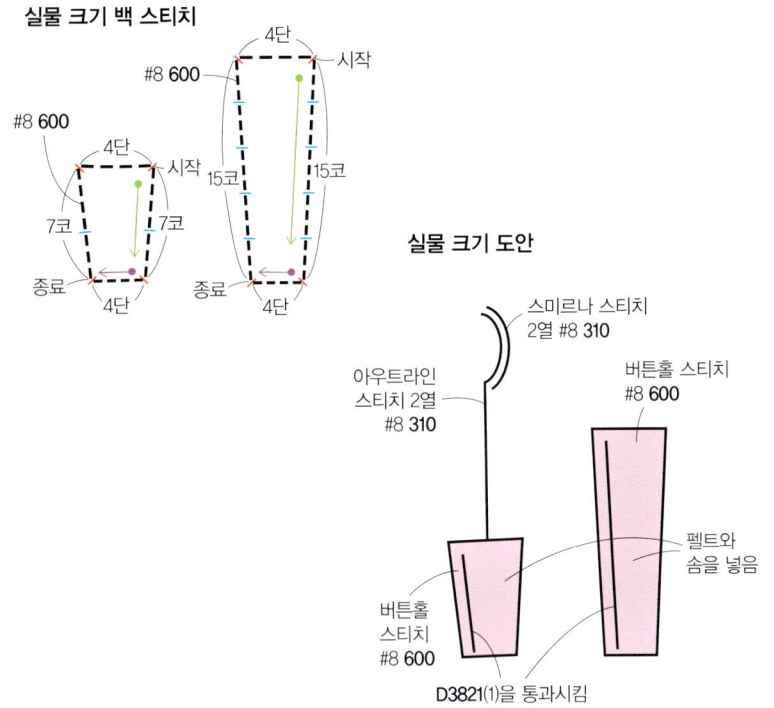

실물 크기 백 스티치

실물 크기 도안

## 26쪽 *e* 매니큐어

1. 백 스티치로 테두리를 만든다.
2. 뚜껑을 수놓는다.
   시작코　9코
   1～3단　늘림 및 줄임 없음
   펠트를 넣고 막는다.
3. 매니큐어를 수놓는다.
   시작코　6코
   1～2단　늘림 및 줄임 없음
   3～4단　한 코씩 줄임
   펠트를 넣고 막는다.
4. 병 부분을 아웃라인 스티치로 수놓는다.

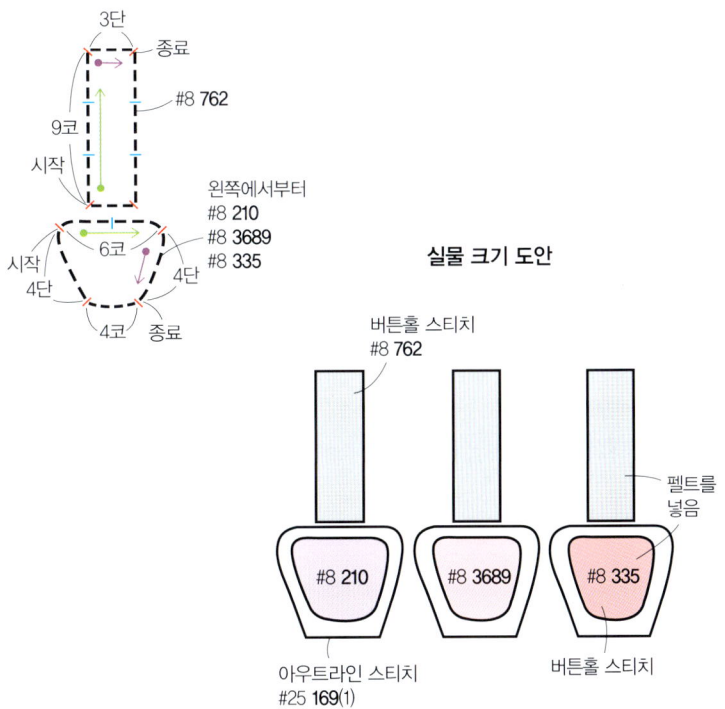

실물 크기 백 스티치

실물 크기 도안

## 26쪽 *f* 브러시

1. 백 스티치로 테두리를 만든다.
2. 큰 브러시를 수놓는다.
   시작코　10코
   1~3단　늘림 및 줄임 없음
   펠트를 넣고 막는다.
3. 금속장식 부분(은색)을 수놓는다.
   시작코　6코
   1~4단　늘림 및 줄임 없음
   펠트를 넣고 막는다.
4. 붓끝을 스미르나 스티치로 수놓고
   실을 가지런히 자른다.
5. 작은 브러시를 수놓는다.
   시작코　11코
   1~2단　늘림 및 줄임 없음
   펠트를 넣고 막는다.
3. 금속장식 부분(은색)을 수놓는다.
   시작코　7코
   1~2단　늘림 및 줄임 없음
   펠트를 넣고 막는다.
4. 붓끝을 스미르나 스티치로 수놓고
   실을 가지런히 자른다.

**실물 크기 백 스티치**

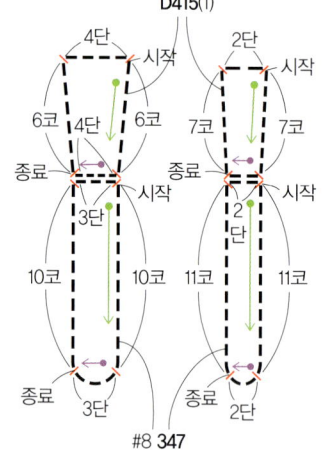

**실물 크기 도안**

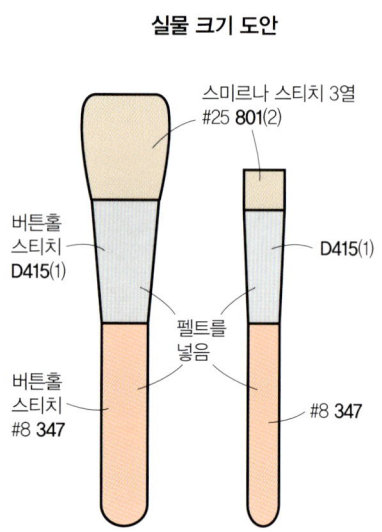

스미르나 스티치 3열
#25 801(2)

버튼홀
스티치
D415(1)

D415(1)

펠트를
넣음

버튼홀
스티치
#8 347

#8 347

---

## 26쪽 *b* 립스틱

1. 백 스티치로 테두리를 만든다.
2. 립스틱을 수놓는다.
   시작코　5코
   1~2단　늘림 및 줄임 없음
   3단　한 코 늘림
   펠트를 넣고 막는다.
3. 스틱(금색)을 수놓는다.
   시작코　4코
   1~3단　늘림 및 줄임 없음
   펠트를 넣고 막는다.
4. 케이스(남색)를 수놓는다.
   시작코　6코
   1~4단　늘림 및 줄임 없음
   펠트를 넣고 막는다.

**실물 크기 백 스티치**

**실물 크기 도안**

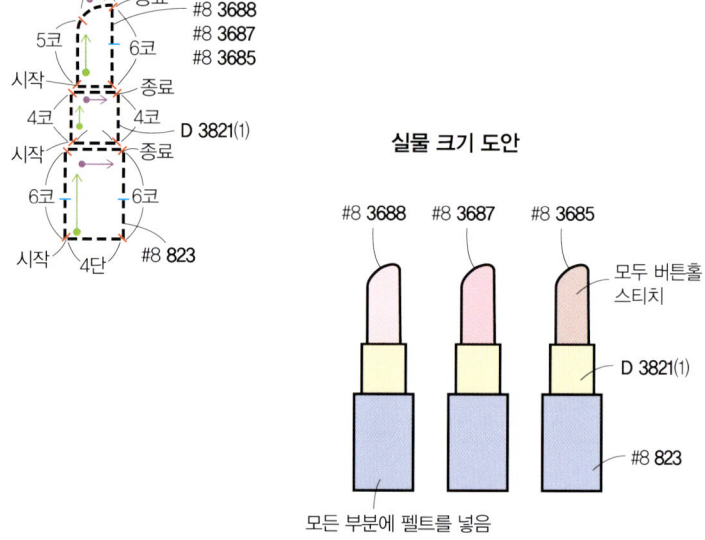

왼쪽에서부터
#8 3688
#8 3687
#8 3685

D 3821(1)

#8 823

#8 3688　#8 3687　#8 3685

모두 버튼홀
스티치

D 3821(1)

#8 823

모든 부분에 펠트를 넣음

## 26쪽 *g* 치크
## 26쪽 *i* 아이섀도

1. 백 스티치로 테두리를 만든다.
2. 케이스를 수놓는다.
   ① 시작코　20코
   1~2단　늘림 및 줄임 없음
   양 끝 2코씩은 남겨두고 펠트를 넣어 16코를 막는다.
3. ②를 마찬가지로 수놓는다.
4. ③ 시작코　10코
   1~2단　늘림 및 줄임 없음
   ① ②의 버튼홀 스티치의 가로 실을 사용해 실을 건넨다.
   펠트를 넣고 막는다.
5. ④를 ③과 마찬가지로 수놓는다.
6. 케이스와 뚜껑의 경계를 아우트라인 스티치로 수놓는다.
7. 아이섀도와 치크를 수놓는다.

**실물 크기 백 스티치**

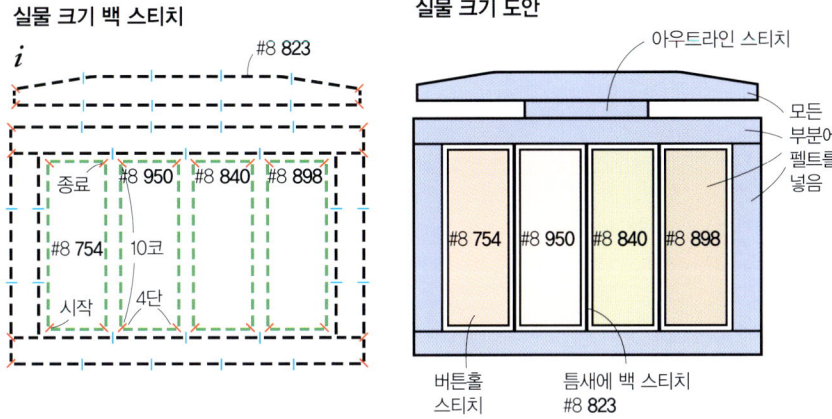

**실물 크기 도안**

*g* **실물 크기 백 스티치**

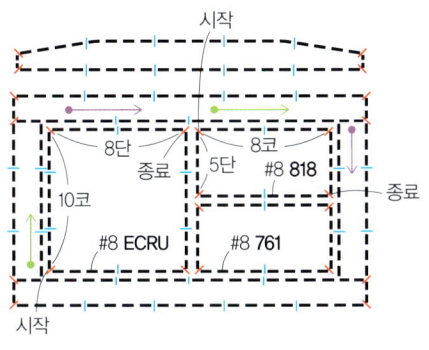

**실물 크기 도안**

**확대도**

*i*

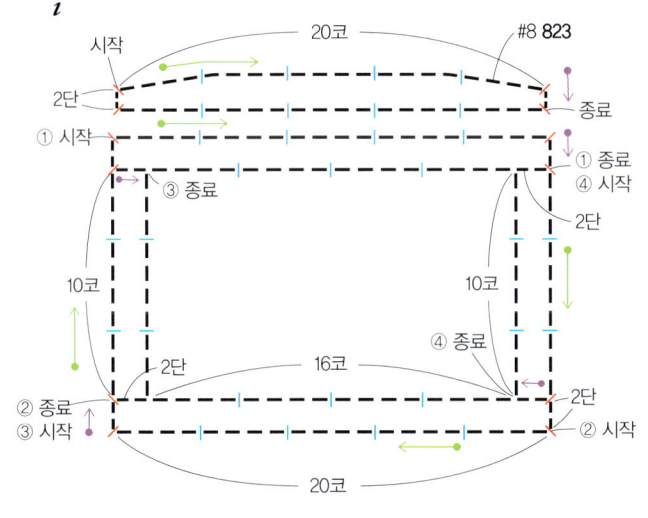

*g*

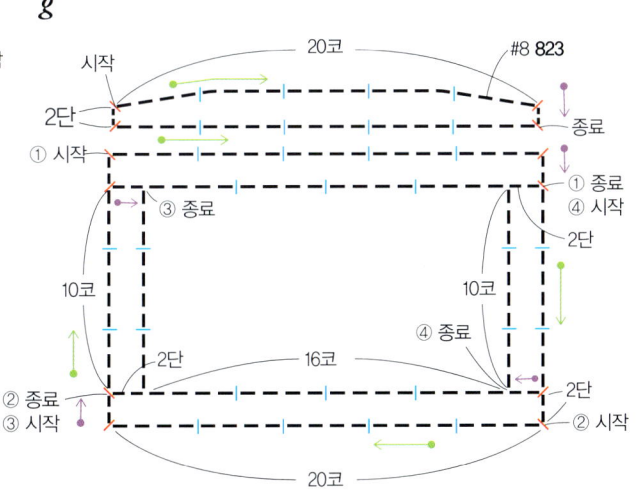

# 27쪽 25 파우치

## 재료

겉감(마) 너비 20cm×길이 30cm
안감(면) 너비 20cm×길이 30cm
지퍼 22cm 1개
8번 자수실　메탈릭사 필요한 만큼
펠트 필요한 만큼

1. 천에 자수를 수놓는다.
2. 지퍼와 거싯(gusset: 가방의 용량을 늘리기 위해 가방 옆면의 바닥에서 윗부분을 따라 재봉하여 덧붙인 부분)을 박아 연결한다.
3. 지퍼와 주머니감을 시침실로 꿰맨다.
4. 주머니감과 거싯의 바닥을 박아 연결한다.
5. 주머니감과 지퍼를 박아 연결한다.
6. 안감으로 지퍼 시접을 넣어 감친다.
7. 안감의 거싯 시접을 접어서 감친다.
※둘레에 1cm의 시접을 주어 재단한다.

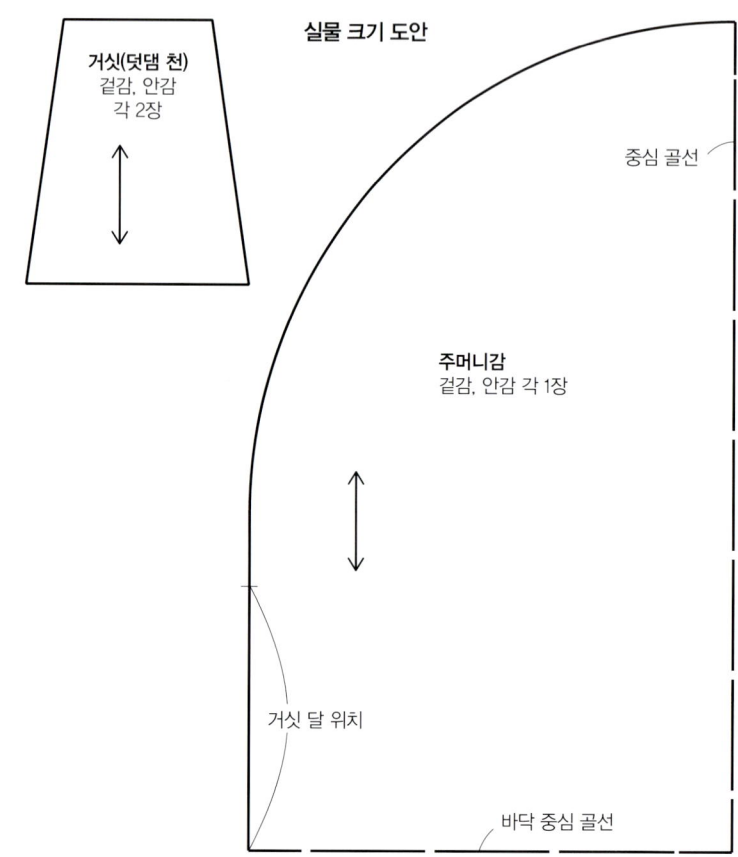

실물 크기 도안

거싯(덧댐 천)
겉감. 안감
각 2장

중심 골선

주머니감
겉감. 안감 각 1장

거싯 달 위치

바닥 중심 골선

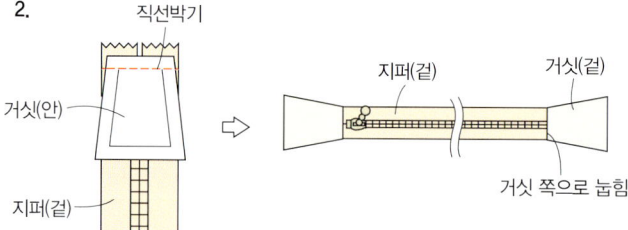

2.

직선박기
거싯(안)
지퍼(겉)

지퍼(겉)
거싯(겉)
거싯 쪽으로 눕힘

3.

지퍼의 중심을 맞춤
지퍼(안)
주머니감(겉)
시침실로 꿰맴

4.5.

지퍼를 오픈해서 직선박기
주머니감(안)
직선박기

6. 7.

안감(겉)
감침질

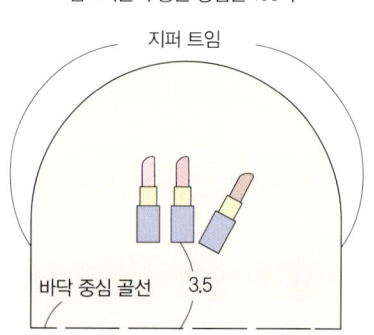

립스틱을 수놓는 방법은 106쪽

지퍼 트임

바닥 중심 골선　3.5

{ 아틀리에 Fil }

세이 히로코(왼쪽)와 야스이 시즈에(오른쪽)가 한 팀이 되어 활약 중이다. 오랫동안 프랑스 자수를 배워 오다가 2004년에 아틀레이 Fil을 열었다. 입체자수를 중심으로 선보이고 있다. 꽃 입체자수를 비롯해 귀여운 모티프나 아름다운 색 사용의 스텀프 워크*에도 팬이 많다. 정기적으로 전시회를 개최하고 문화센터에서 강사를 하는 한편 요요기우에하라에 취미교실을 열어 운영하고 있다. NHK 〈멋지게 핸드메이드〉에 여러 차례 출연.

저서로는 〈꽃 입체자수〉, 〈폭신폭신 귀여운 입체자수〉, 〈폭신폭신 귀여운 디즈니 입체자수〉(부티크사 출간), 〈스텀프 워크로 만든 파리의 과자〉(주부의 벗 사 출간), 〈iPhon5 케이스에 스텀프 워크〉(매거진랜드 출간) 등이 있다.

※스텀프 워크:입체적인 자수를 일반적으로 '스텀프 워크'라고 부른다.
작품의 한 부분을 볼록하니 도드라지게 하거나, 선을 메워 볼륨을 주는 등 다양한 종류가 있다.
http://www.atelier-fil.com/

재료 제공
● 애드거공업주식회사(Adger Kogyo Co.,Ltd.) (도안용 마커)
우340-0022 사이타마현 소카시 세자키(埼玉県 草加市 瀬崎) 5-43-9
전화 048-927-4821

● 튤립주식회사(Tulip Company Limited) (바늘, 송곳)
우733-0002 히로시마시 니시구 구수노기초(広島市西区楠木町) 4-19-8
전화 0120-21-1420

● 디엠시 주식회사(DMC 자수실)
우101-0035 도쿄도 치요다구 간다콩야초(東京都千代田区神田紺屋町)
13번지 야마가시 빌딩 7층
전화 03-5296-7831

스태프
편집/ 아라이 히사코(新井久子) 미시로 요코(三城洋子)
촬영/ 야마모토 미치코(山本倫子)
프로세스 촬영/ 후지타 리츠코(藤田律子)
북 디자인/ 미기타카 하루미(右高晴美)
제도/ 시라이 마이(白井麻衣)
만드는 방법 교열/ 아비코 토모미(安彦友美)

편집인 다카하시 히토미(高橋ひとみ)

【SHARE ON SNS!】 📷 🐦 f

이 책에 소개한 작품을 만들었다면 부담 없이 사진을 인스타그램, 페이스북, 트위터, 행복한취미생활DIY(네이버 카페) 등 SNS에 올려 주세요! 독자 여러분이 직접 만들어 봤거나 사용했거나 선물한 것 등… 즐거운 핸드메이드를 모두 함께 공유했으면 합니다! 해시태그를 달아 좋아하는 사람들과 공유해 보아요!
터닝포인트 공식 인스타그램 '터닝포인트 출판사'로 검색해 주세요. '좋아요'를 많이 눌러 주세요.
터닝포인트 공식 인스타그램 터닝포인트 출판사 해시태그 #터닝포인트 #터닝포인트출판사 #친절한DIY #핸드메이드 #입체자수 #프랑스입체자수 #프랑스자수 #DIY 등
터닝포인트 출판사 공식 인스타그램과 SNS 등에서 응원해 주세요!

【저작권에 대해서】
©터닝포인트 이 책에 실린 사진, 일러스트, 컷, 기사, 키트 등의 전재 및 복사스캔 등), 인터넷에서의 사용을 금지합니다. 또한, 개인적으로 즐기는 경우를 제외하고 원고를 복사하거나 작품을 영리 목적으로 판매하는 것은 저작권법으로 금지되고 있습니다. 파본 및 낙장본은 교환해 드립니다.

## 폭신폭신 귀여운
# 프랑스 입체자수

2018년 4월 16일 초판 1쇄 인쇄
2018년 4월 20일 초판 1쇄 발행

| | |
|---|---|
| **지은이** | 아틀리에 Fil |
| **옮긴이** | 고정아 |
| **감수** | 김현정(수노타) |
| **펴낸이** | 정상석 |
| **기획 · 편집** | 터닝포인트 |
| **마케팅** | 이병진 |
| **편집 디자인** | 앤미디어 |
| **표지 디자인** | 김보라 |
| **펴낸 곳** | 터닝포인트(www.diytp.com) |
| **등록번호** | 제2005-000285호 |
| **주소** | (03991) 서울특별시 마포구 동교로27길 53 지남빌딩 308호 |
| **대표 전화** | (02)332-7646 |
| **팩스** | (02)3142-7646 |
| **ISBN** | 979-11-6134-019-7  13320 |
| **정가** | 14,000원 |

**내용 및 원고 집필 문의**    diamat@naver.com
터닝포인트는 삶에 긍정적 변화를 가져오는 좋은 원고를 환영합니다.

※ 이 책에 수록된 내용이나 사진, 일러스트 등을 출판권자의 허락 없이 복제 배포하는 행위는
  저작권법에 위반됩니다.

이 도서의 국립중앙도서관 출판예정도서목록(CIP)은 서지정보유통지원시스템 홈페이
지(http://seoji.nl.go.kr)와 국가자료공동목록시스템(http://www.nl.go.kr/kolisnet)에서
이용하실 수 있습니다.(CIP제어번호: CIP2018009917)